W0064351

Benedikt XVI.

»Bleibt in meiner Liebe«

Benedikt XVI.

»Bleibt in meiner Liebe«

Katechesen über die Apostel

HERDER

FREIBURG · BASEL · WIEN

© 2007 Libreria Editrice Vaticana, Città del Vaticano
Für diese Ausgabe:
© 2007 Verlag Herder, Freiburg im Breisgau
www.herder.de
Alle Rechte vorbehalten

Umschlagmotiv: © KNA-Bild

Umschlaggestaltung: Finken & Bumiller
Satz: Barbara Hermann, Freiburg
Druck und Einband: fgb · freiburger graphische betriebe 2007
www.fgb.de

Gedruckt auf umweltfreundlichem, chlorfrei gebleichtem Papier

Printed in Germany

ISBN 978-3-451-29866-0

Inhalt

III. Weitere Apostel und Mitarbeiter

Vorwort des Verlags

Die hier zusammengestellten Texte sind Katechesen, also Glaubensunterweisungen, die Papst Benedikt XVI. während der Generalaudienzen hielt, die regelmäßig mittwochs im Vatikan – meist auf dem Petersplatz – stattfinden.

Benedikt XVI. setzt sich in den Katechesen mit dem Verhältnis Jesu Christi zu seiner Kirche auseinander und geht dabei besonders der Bedeutung der Apostel und ihrer Mitarbeiter für das Leben und den Erhalt der Kirche nach. Diese thematische Reihe erstreckte sich vom 15. März 2006 bis zum 14. Februar 2007, unterbrochen von Katechesen, die zu hohen kirchlichen Feiertagen, Reisen des Papstes oder anderen Anlässen gehalten wurden und in diesem Band nicht wiedergegeben werden, um die thematische Einheit zu erhalten.

Geboten werden die deutschen Fassungen der ursprünglich auf Italienisch vorgetragenen Texte – sie sind lediglich um die am Ende jeder Katechese traditionell angeschlossenen Grußworte an die versammelten Gläubigen gekürzt.

I. Grundlagen

Jesus, die Wahl der Zwölf und die Gründung der Kirche

Liebe Brüder und Schwestern!
Nach der Reihe von Katechesen über die Psalmen und Gesänge aus Laudes und Vesper möchte ich die kommenden Mittwochsaudienzen dem Geheimnis der Beziehung zwischen Christus und der Kirche widmen und dieses von der Erfahrung der Apostel her, im Licht der ihnen anvertrauten Aufgabe, betrachten. Die Kirche ist auf dem Fundament der Apostel als Gemeinschaft des Glaubens, der Hoffnung und der Liebe gegründet. Über die Apostel gelangen wir zu Jesus selbst. Die Kirche begann sich herauszubilden, als einige Fischer aus Galiläa Jesus begegneten und sich gewinnen ließen von seinem Blick, von seiner Stimme, von seiner herzlichen und kraftvollen Einladung: »Folgt mir nach, ich werde euch zu Menschenfischern machen!« (Mk 1,17; Mt 4,19). Mein geliebter Vorgänger Johannes Paul II. hat der Kirche zu Beginn des dritten Jahrtausends nahegelegt, das Antlitz Christi zu betrachten (vgl. *Novo millennio ineunte*, 16ff). Derselben Richtung folgend, möchte ich in den Katechesen, mit denen ich heute beginne, zeigen, wie sich das Licht jenes Antlitzes auf dem Antlitz der Kirche widerspiegelt

(vgl. *Lumen gentium*, 1), trotz der Grenzen und Schatten unseres schwachen und von der Sünde gezeichneten Menschseins. Nach Maria, dem reinen Widerschein des Lichtes Christi, sind es die Apostel, die mit ihrem Wort und ihrem Zeugnis die Wahrheit Christi an uns weitergeben. Ihre Sendung steht jedoch nicht isoliert da, sondern ist eingebunden in ein Geheimnis der Gemeinschaft, das das ganze Volk Gottes einbezieht und das schrittweise vom Alten zum Neuen Bund Wirklichkeit wird.

Dazu muss gesagt werden, dass die Botschaft Jesu völlig missverstanden wird, wenn man sie aus dem Zusammenhang des Glaubens und der Hoffnung des auserwählten Volkes heraustrennt: Wie Johannes der Täufer, sein unmittelbarer Vorläufer, so wendet sich Jesus zuallererst an Israel (vgl. Mt 15,24), um es in der Endzeit, die mit ihm angebrochen ist, zu »sammeln«. Und wie die Predigt des Johannes, so ist auch die Verkündigung Jesu gleichzeitig Gnadenruf und Zeichen des Widerspruchs und des Gerichts für das gesamte Volk Gottes. Vom ersten Augenblick seines Heilswirkens an strebt deshalb Jesus von Nazaret danach, das Volk Gottes zu sammeln. Auch wenn seine Verkündigung immer ein Aufruf zur persönlichen Umkehr ist, hat er in Wirklichkeit stets den Aufbau des Volkes Gottes als Ziel vor Augen, das zu sammeln, zu reinigen und zu retten er gekommen ist. Daher ist die von der liberalen Theologie vertretene individualistische Interpretation von Christi Verkündigung des Reiches Gottes einseitig und ohne jede Grundlage. Sie wurde im Jahre 1900 von dem großen liberalen Theologen Adolf von Harnack in seinen Vorlesungen *Das Wesen des Christentums* so zusammengefasst: »Das Reich Gottes kommt, insofern es in einzelne Menschen kommt, Zugang zu ihrer Seele findet und sie es aufnehmen. Das Reich Gottes ist gewiss die Herrschaft Gottes, aber es ist die Herrschaft des heiligen Gottes in den einzelnen Herzen« (*Dritte Vorlesung*). In Wirklichkeit ist dieser Individualismus der liberalen Theologie eine typisch moderne Akzentuierung: Aus der Sicht der biblischen Tradition und innerhalb des Judentums, in die sich das Wirken Jesu stellt, wenn auch in seiner ganzen Neuheit, wird deutlich, dass die ganze Sendung des fleischgewordenen Sohnes eine auf Gemeinschaft ausgerichtete Zielsetzung hat: Er ist eben dazu gekommen, die zerstreute Menschheit zu einen; er ist eben dazu gekommen, das Volk Gottes zu sammeln, zu einen.

Ein unverkennbares Zeichen für die Absicht des Nazareners, die Gemeinschaft des Bundes zu sammeln, um in ihr offenbarwerden zu lassen, dass die Verheißungen, die den Vätern gemacht wurden und die immer von Zusammenrufen, von Einigung und Einheit sprechen, zur Erfüllung gekommen sind, ist die Einsetzung der Zwölf. Wir haben das Evangelium über diese Einsetzung der

Zwölf gehört. Ich lese noch einmal das Hauptsächliche vor: »Jesus stieg auf einen Berg und rief die zu sich, die er erwählt hatte, und sie kamen zu ihm. Und er setzte zwölf ein, die er bei sich haben und die er dann aussenden wollte, damit sie predigten und mit seiner Vollmacht Dämonen austrieben. Die Zwölf, die er einsetzte, waren ...« (Mk 3,13–16; vgl. Mt 10,1–4; Lk 6,12–16). Am Ort der Offenbarung, dem »Berg«, setzt Jesus mit einer Initiative, die absolutes Bewusstsein und Entschlossenheit ausdrückt, die Zwölf ein, damit sie mit ihm zusammen Zeugen und Verkünder des Kommens des Gottesreiches sein sollen. Über die Geschichtlichkeit dieser Berufung gibt es keine Zweifel, nicht nur aufgrund des Alters und der Vielzahl der Zeugnisse, sondern auch aus dem einfachen Grund, dass darin der Name des Judas vorkommt, des Verräters unter den Aposteln, trotz der Schwierigkeiten, die seine Anwesenheit für die entstehende Gemeinschaft mit sich bringen konnte.

Die Zahl Zwölf, die zweifellos Bezug nimmt auf die zwölf Stämme Israels, offenbart bereits die Tatsache, dass die neue Initiative zur Wiedererrichtung des heiligen Volkes eine Handlung ist, die prophetisch-symbolische Bedeutung besitzt. Da es die zwölf Stämme schon lange nicht mehr gab, hoffte Israel auf ihre Wiedererrichtung als Zeichen für den Anbruch der Endzeit (man denke an den Schluss des Buches Ezechiel: 37,15–19;

39,23–29; 40–48). Dadurch, dass er die Zwölf erwählte, sie in eine Lebensgemeinschaft mit ihm einführte und sie an seiner Sendung der Verkündigung des Reiches in Wort und Tat teilhaben ließ (vgl. Mk 6,7–13; Mt 10,5–8; Lk 9,1–6; 6,13), will Jesus sagen, dass die Endzeit angebrochen ist, in der das Volk Gottes neu gegründet wird, das Volk der zwölf Stämme, das jetzt ein weltumfassendes Volk wird, seine Kirche.

Allein durch ihre Existenz werden die Zwölf, die aus verschiedenen Umfeldern heraus berufen worden sind, bereits zu einem Aufruf an ganz Israel, damit es sich bekehre und sich im Neuen Bund sammeln lasse, der die volle und vollkommene Erfüllung des Alten Bundes ist. Die Tatsache, dass Jesus ihnen beim Abendmahl, vor seinem Leiden, die Aufgabe anvertraute, sein Gedächtnis zu feiern, zeigt, dass er der Gemeinschaft als Ganzer in der Person ihrer zwölf Anführer den Auftrag geben wollte, in der Geschichte Zeichen und Werkzeug der endzeitlichen Sammlung zu sein, die in ihm begonnen hat.

In gewissem Sinne können wir sagen, dass gerade das Letzte Abendmahl der Gründungsakt der Kirche ist, weil Er selbst sich hingibt und auf diese Weise eine neue Gemeinschaft schafft, eine Gemeinschaft, die vereint ist in der Gemeinschaft mit Ihm selbst. In diesem Lichte versteht man, dass der Auferstandene ihnen – mit der Ausgießung des Geistes – die Macht der Sündenvergebung überträgt (vgl. Joh 20,23). Die zwölf Apostel sind so das offenkundigste Zeichen für den Willen Jesu in Bezug auf die Existenz und die Sendung seiner Kirche, die Garantie, dass zwischen Christus und der Kirche keinerlei Gegensatz besteht: Sie sind untrennbar, trotz der Sünden der Menschen, die die Kirche bilden. Daher ist ein bestimmter Slogan, der vor einigen Jahren in Mode war, mit der Absicht Christi absolut unvereinbar: »Jesus ja, Kirche nein«. Dieser individualistisch gewählte Jesus ist ein Jesus, der der Phantasie entspringt. Wir können Jesus nicht ohne die Wirklichkeit haben, die er geschaffen hat und in der er sich mitteilt. Zwischen dem fleischgewordenen Sohn Gottes und seiner Kirche besteht eine tiefe, untrennbare und geheimnisvolle Kontinuität, kraft derer Christus heute in seinem Volk gegenwärtig ist. Er ist immer unser Zeitgenosse, er ist immer gegenwärtig in der Kirche, die auf dem Fundament der Apostel errichtet worden ist, er ist lebendig in der Nachfolge der Apostel. Und diese Gegenwart in der Gemeinschaft, in der er selbst sich uns immer wieder schenkt, ist der Grund unserer Freude. Ja, Christus ist bei uns, das Reich Gottes kommt.

(15. März 2006)

Die Apostel: Zeugen und Geladene Christi

Liebe Brüder und Schwestern!

Der Epheserbrief zeigt uns die Kirche als einen Bau, der »auf das Fundament der Apostel und Propheten gebaut ist; der Schlussstein ist Christus Jesus selbst« (Eph 2,20). In der Geheimen Offenbarung wird die Rolle der Apostel, insbesondere jene der Zwölf, in der eschatologischen Perspektive des himmlischen Jerusalem verdeutlicht, das als eine Stadt dargestellt wird, deren Mauern »zwölf Grundsteine haben; auf ihnen stehen die zwölf Namen der zwölf Apostel des Lammes« (Offb 21,14). Die Evangelien berichten übereinstimmend, dass die Berufung der Apostel die ersten Schritte des Dienstes Jesu darstellte, nachdem er vom Täufer in den Wassern des Jordan getauft worden war.

Nach den Berichten von Markus (1,16–20) und Matthäus (4,18–22) ist der Schauplatz der Berufung der ersten Apostel der See von Galiläa. Jesus hat kurz zuvor mit der Verkündigung des Gottesreiches begonnen, als sein Blick auf zwei Brüderpaare fällt: Simon und Andreas, Jakobus und Johannes. Es sind Fischer, die mit ihrer alltäglichen Arbeit beschäftigt sind. Sie werfen die Netze aus, sie reparieren sie. Aber es erwartet sie ein anderer

Fischfang. Jesus ruft sie mit Entschiedenheit, und sie folgen ihm bereitwillig: Von nun an werden sie »Menschenfischer« sein (vgl. Mk 1,17; Mt 4,19). Lukas folgt zwar derselben Tradition, seine Schilderung ist aber ausführlicher (5,1–11). Sie zeigt den Glaubensweg der ersten Jünger, wobei präzisiert wird, dass die Einladung zur Nachfolge an sie ergangen ist, nachdem sie die erste Predigt Jesu gehört und die ersten von ihm vollbrachten Wunderzeichen erfahren hatten. Im Besonderen bildet der wunderbare Fischfang den unmittelbaren Zusammenhang und ist das Symbol für die ihnen aufgetragene Mission als Menschenfischer. Das Schicksal dieser »Berufenen« wird von da an eng mit dem Schicksal Jesu verbunden sein. Der Apostel ist ein Gesandter, aber zuvor noch ist er ein »Experte« Jesu.

Gerade dieser Aspekt wird vom Evangelisten Johannes seit der ersten Begegnung Jesu mit den künftigen Aposteln hervorgehoben. Hier ist das Szenarium ein anderes: Die Begegnung spielt sich am Ufer des Jordan ab. Die Anwesenheit der künftigen Jünger, die wie auch Jesus aus Galiläa gekommen sind, um die Erfahrung der von Johannes gespendeten Taufe zu machen, wirft ein Licht auf ihre geistliche Welt. Sie sind Menschen, die das Reich Gottes erwarten und sehnsüchtig danach verlangen, den Messias kennenzulernen, dessen bevorstehendes Kommen angekündigt worden ist. Es genügt ihnen der Hinweis von Johannes dem

Täufer, der auf Jesus als das Lamm Gottes zeigt (vgl. Joh 1,36), dass in ihnen der Wunsch nach einer persönlichen Begegnung mit dem Meister entsteht. Der Wortwechsel Jesu mit den ersten beiden künftigen Aposteln ist sehr ausdrucksstark. Auf die Frage: »Was wollt ihr?«, antworten sie mit einer anderen Frage: »Rabbi – das heißt übersetzt: Meister –, wo wohnst du?« Jesu Antwort ist eine Einladung: »Kommt und seht!« (vgl. Joh 1,38–39). Kommt, um sehen zu können. So beginnt das Abenteuer der Apostel als eine Begegnung von Personen, die sich einander öffnen. Für die Jünger beginnt ein direktes Kennenlernen des Meisters. Sie sehen, wo er wohnt, und beginnen, ihn kennenzulernen. Sie sollen nämlich nicht Verkünder einer Idee, sondern Zeugen einer Person werden. Ehe sie ausgesandt werden, das Evangelium zu verkünden, sollen sie bei Jesus »bleiben« (vgl. Mk 3,14) und zu ihm eine persönliche Beziehung entwickeln. Auf dieser Grundlage wird die Evangelisierung nichts anderes sein als eine Verkündigung dessen, was man erlebt hat, und eine Aufforderung, einzutreten in das Geheimnis der Gemeinschaft mit Christus (vgl. 1 Joh 1,3).

Zu wem werden die Apostel gesandt werden? Im Evangelium scheint Jesus seine Sendung nur auf Israel zu beschränken: »Ich bin nur zu den verlorenen Schafen des Hauses Israel gesandt« (Mt 15,24). In analoger Weise scheint er die den Zwölf anvertraute Mission einzugrenzen: »Diese Zwölf sandte Jesus aus und gebot ihnen: Geht nicht zu den Heiden und betretet keine Stadt der Samariter, sondern geht zu den verlorenen Schafen des Hauses Israel« (Mt 10,5f). Eine gewisse moderne, rationalistisch inspirierte Kritik hatte in diesen Worten das Fehlen eines universalistischen Bewusstseins des Nazareners gesehen. In Wirklichkeit müssen sie im Licht seiner besonderen Beziehung zu Israel, der Gemeinschaft des Bundes, in der Kontinuität der Heilsgeschichte verstanden werden. Der messianischen Erwartung entsprechend sollten die göttlichen, direkt an Israel gerichteten Verheißungen in Erfüllung gehen, wenn Gott selbst, durch seinen Erwählten, sein Volk gesammelt hätte, wie es ein Hirte mit der Herde tut: »Ich will meinen Schafen zu Hilfe kommen. Sie sollen nicht länger eure Beute sein ... Ich setze für sie einen einzigen Hirten ein, der sie auf die Weide führt, meinen Knecht David. Er wird sie weiden und er wird ihr Hirt sein. Ich selbst, der Herr, werde ihr Gott sein, und mein Knecht David wird in ihrer Mitte der Fürst sein« (Ez 34,22–24).

Jesus ist der eschatologische Hirt, der die verlorenen Schafe des Hauses Israel sammelt und sich auf die Suche nach ihnen begibt, weil er sie kennt und liebt (vgl. Lk 15,4–7 und Mt 18,12–14; vgl. auch die Gestalt des Guten Hirten in Joh 10,11ff). Durch diese »Sammlung« wird das Reich Gottes allen Völkern verkündet: »So zeige ich unter den Völkern meine Herrlichkeit. Alle Völker sehen, wie ich mein Strafgericht abhalte, sie sehen, wie ich meine Hand auf sie lege« (Ez 39,21).

Und Jesus folgt eben diesem prophetischen Leitgedanken. Der erste Schritt ist die »Sammlung« des Volkes Israel, damit so alle Völker, die berufen sind, sich in der Gemeinschaft mit dem Herrn zu sammeln, sehen und glauben können. Auf diese Weise wirken die Zwölf, die aufgenommen worden sind, um an derselben Sendung Jesu teilzuhaben, mit dem Hirten der Endzeit zusammen, indem zunächst auch sie zu den verlorenen Schafen des Hauses Israel gehen, das heißt sich an das Volk der Verheißung wenden, dessen Sammlung das Zeichen der Rettung für alle Völker ist; dies ist der Punkt, an dem der Bund allumfassend wird. Weit davon entfernt, der universalistischen Dimension des messianischen Wirkens des Nazareners zu widersprechen, wird die anfängliche Beschränkung seiner Sendung und der Sendung der Zwölf auf Israel zum wirksamsten prophetischen Zeichen. Nach der Passion und der Auferstehung Christi wird dieses Zeichen klar werden: Der universale Charakter der Sendung der Apostel wird explizit werden. Christus wird die Apostel »in die ganze Welt« aussenden (Mk 16,15), »zu allen Völkern« (Mt 28,19; Lk 24,47), »bis an die Grenzen der Erde« (Apg 1,8). Und diese Sendung besteht weiter. Der Auftrag des Herrn, die Völker in der Einheit seiner Liebe zu vereinigen, dauert an. Das ist unsere Hoffnung, und das ist auch unser Auftrag: zu dieser Universalität, zu dieser wahren Einheit im Reichtum der Kulturen in Gemeinschaft mit unserem wahren Herrn, Jesus Christus, beizutragen.

(22. März 2006)

Das Geschenk der Gemeinschaft

Liebe Brüder und Schwestern!

Durch den apostolischen Dienst wird die Kirche als
die vom menschgewordenen Sohn Gottes zusam-
mengeführte Gemeinschaft durch die Zeiten hindurch leben, indem sie in Christus und im Heiligen Geist die Gemeinschaft aufbaut und nährt, in
die alle Menschen gerufen sind und in der sie das
vom Vater geschenkte Heil erfahren können. In
der Tat sorgten die Zwölf – wie Papst Clemens, der
dritte Nachfolger des Petrus, am Ende des 1. Jahrhunderts sagt – für die Einsetzung von Nachfol-
gern (vgl. *1. Brief des Clemens an die Korinther* 42,4),
damit die ihnen anvertraute Sendung nach ihrem
Tod weitergeführt werden konnte. Auf diese Weise
hat im Laufe der Jahrhunderte die Kirche, orga-
nisch strukturiert unter der Leitung der rechtmäßigen Hirten, in der Welt als Geheimnis der Gemeinschaft weitergelebt, worin sich in gewissem Maße
die Gemeinschaft der Dreifaltigkeit, das Geheimnis Gottes selbst, widerspiegelt.

Schon der Apostel Paulus erwähnt diese höchste
Quelle, die die Dreifaltigkeit ist, wenn er den Christen wünscht: »Die Gnade Jesu Christi, des Herrn,
die Liebe Gottes und die Gemeinschaft des Heili-

gen Geistes sei mit euch allen!« (2 Kor 13,13). Diese Worte, die wahrscheinlich ein Echo der Liturgie der in ihren Anfängen stehenden Kirche sind, machen deutlich, wie das freie Geschenk der Liebe, das der Vater uns in Jesus Christus macht, in der vom Heiligen Geist bewirkten Gemeinschaft Wirklichkeit wird und seinen Ausdruck findet. Diese Interpretation, deren Grundlage der strenge Parallelismus ist, der im Text zwischen den drei Genitiven hergestellt wird (»die Gnade ›Jesu Christi‹ ... die Liebe ›Gottes‹ ... und die Gemeinschaft ›des Heiligen Geistes‹«), stellt die »Gemeinschaft« als besondere Gabe des Geistes, als Frucht der von Gott, dem Vater, geschenkten Liebe und der vom Herrn Jesus Christus angebotenen Gnade dar.

Der unmittelbare Zusammenhang, der dadurch gekennzeichnet ist, dass er die brüderliche Gemeinschaft in den Mittelpunkt rückt, veranlasst uns allerdings, die »koinonía« des Heiligen Geistes nicht nur als »Teilhabe« des Einzelnen am göttlichen Leben, sozusagen eines jeden für sich, zu betrachten, sondern als logische Folge daraus auch als »Gemeinschaft« der Gläubigen untereinander, die der Geist selbst als ihr Urheber und Hauptakteur hervorbringt (vgl. Phil 2,1). Man könnte sagen, dass Gnade, Liebe und Gemeinschaft in ihrer jeweiligen Beziehung zu Christus, zum Vater und zum Geist verschiedene Aspekte des einen göttlichen Handelns für unser Heil sind, eines Handelns, durch das die Kirche entsteht und das aus der Kirche – wie der hl. Cyprian im 3. Jahrhundert sagt – »das von der Einheit des Vaters, des Sohnes und des Heiligen Geistes her geeinte Volk« macht (*De orat. Dom.* 23: PL 4, 536, zitiert in *Lumen gentium*, 4).

Die Idee der Gemeinschaft als Teilhabe am Leben der Dreifaltigkeit wird mit besonderer Intensität im Johannesevangelium erhellt, wo die Liebesgemeinschaft, die den Sohn mit dem Vater und mit den Menschen verbindet, gleichzeitig Vorbild und Quelle der brüderlichen Gemeinschaft ist, die die Jünger untereinander verbinden soll: »Liebt einander, so wie ich euch geliebt habe« (Joh 15,12; vgl. 13,34). »Alle sollen eins sein ... wie wir eins sind« (Joh 17,21.22): also Gemeinschaft der Menschen mit dem dreifaltigen Gott und Gemeinschaft der Menschen untereinander. In der Zeit seiner irdischen Pilgerschaft kann der Jünger durch die Gemeinschaft mit dem Sohn bereits an dessen göttlichem Leben und an dem des Vaters teilhaben: »Wir aber haben Gemeinschaft mit dem Vater und mit seinem Sohn Jesus Christus« (1 Joh 1,3). Dieses Leben der Gemeinschaft mit Gott und untereinander ist das eigentliche Ziel der Verkündigung des Evangeliums, das Ziel der Bekehrung zum Christentum: »Was wir gesehen und gehört haben, das verkünden wir auch euch, damit auch ihr Gemeinschaft mit uns habt« (ebd.). Diese doppelte Gemeinschaft mit Gott und untereinander ist also untrennbar. Wo die Gemeinschaft mit

Gott, die Gemeinschaft mit dem Vater, mit dem Sohn und mit dem Heiligen Geist ist, zerstört wird, wird auch die Wurzel und Quelle der Gemeinschaft, die wir untereinander haben, zerstört. Und wenn wir nicht in Gemeinschaft miteinander leben, ist, wie wir gehört haben, auch die Gemeinschaft mit dem dreifaltigen Gott nicht lebendig und wahr.

Jetzt gehen wir einen Schritt weiter. Die Gemeinschaft – Frucht des Heiligen Geistes – wird vom eucharistischen Brot gespeist (vgl. 1 Kor 10,16–17) und findet ihren Ausdruck in den brüderlichen Beziehungen, in einer Art Vorwegnahme der künftigen Welt. In der Eucharistie speist Jesus uns, vereint uns mit sich, mit dem Vater, mit dem Heiligen Geist und miteinander; und dieses Netz der Einheit, das die Welt umfasst, ist eine Vorwegnahme der künftigen Welt in unserer Zeit. Gerade so, als Vorwegnahme der künftigen Welt, ist die Gemeinschaft auch ein Geschenk mit sehr konkreten Folgen, das uns aus unserer Einsamkeit und Verschlossenheit in uns selbst herausführt und uns teilhaben lässt an der Liebe, die uns mit Gott und miteinander vereint. Wir begreifen unschwer die Größe dieses Geschenks, wenn wir allein an die Zersplitterungen und die Konflikte denken, die die Beziehungen zwischen einzelnen Menschen, Menschengruppen und ganzen Völkern trüben. Und wo es das Geschenk der Einheit im Heiligen Geist nicht gibt, da ist die Zersplitterung der Menschheit unvermeidlich. Die »Gemeinschaft« ist wirklich die frohe Botschaft, das Heilmittel, das der Herr uns gegen die Einsamkeit geschenkt hat, die heute alle Menschen bedroht, das kostbare Geschenk, das uns spüren lässt, dass wir in Gott, in der Einheit seines im Namen der Dreifaltigkeit versammelten Volkes angenommen und geliebt sind; sie ist das Licht, das die Kirche als unter den Völkern errichtetes Zeichen erstrahlen lässt: »Wenn wir sagen, dass wir Gemeinschaft mit ihm haben, und doch in der Finsternis leben, lügen wir und tun nicht die Wahrheit. Wenn wir aber im Licht leben, wie er im Licht ist, haben wir Gemeinschaft miteinander« (1 Joh 1,6f). Auf diese Weise offenbart sich die Kirche trotz aller menschlicher Schwächen, die ihrer Erscheinungsform in der Geschichte anhaften, als eine wunderbare Schöpfung der Liebe, die geschaffen wurde, um Christus bis ans Ende der Zeiten jedem Mann und jeder Frau, der oder die ihm wirklich begegnen will, nahezubringen. Und in der Kirche bleibt der Herr immer unser Zeitgenosse. Die Heilige Schrift ist nicht etwas, das der Vergangenheit angehört. Der Herr spricht nicht in der Vergangenheit, sondern er spricht in der Gegenwart, er spricht heute mit uns, er schenkt uns Licht, er zeigt uns den Weg des Lebens, er schenkt uns Gemeinschaft und bereitet und öffnet uns so für den Frieden.

(29. März 2006)

Der Dienst an der Gemeinschaft

Liebe Brüder und Schwestern!
In der neuen, vor einigen Wochen begonnenen Katechesenreihe wollen wir die Anfänge der Kirche betrachten, um den ursprünglichen Plan Jesu zu verstehen und so das Wesentliche der Kirche zu erfassen, das im Wandel der Zeiten bestehen bleibt. Auf diese Weise wollen wir auch verstehen, warum wir in der Kirche sind und auf welche Weise wir uns bemühen sollen, unsere Präsenz in der Kirche am Anfang eines neuen christlichen Jahrtausends zu leben.

Wenn wir die entstehende Kirche betrachten, können wir zwei Aspekte ausmachen: Einen ersten Aspekt rückt der hl. Irenäus von Lyon ins Licht, Märtyrer und großer Theologe am Ende des 2. Jahrhunderts, der uns als Erster eine in gewisser Weise systematische Theologie geschenkt hat. Der hl. Irenäus schreibt: »Wo die Kirche ist, da ist auch der Geist Gottes; und wo der Geist Gottes, dort ist die Kirche und alle Gnade; der Geist aber ist Wahrheit« (*Adversus haereses,* III, 24,1: PG 7,966). Es besteht also eine enge Verbindung zwischen dem Heiligen Geist und der Kirche. Der Heilige Geist baut die Kirche auf und schenkt ihr die Wahrheit;

er gießt – wie der hl. Paulus sagt – die Liebe in die Herzen der Gläubigen aus (vgl. Röm 5,5). Aber es gibt da noch einen zweiten Aspekt. Diese enge Verbindung mit dem Geist hebt unser Menschsein mit all seiner Schwäche nicht auf, und so kennt die Gemeinschaft der Jünger von Anfang an nicht nur die Freude des Heiligen Geistes, die Gnade der Wahrheit und der Liebe, sondern auch die Prüfung, die vor allem in Gegensätzen bezüglich der Glaubenswahrheiten und den daraus entstehenden Spaltungen in der Gemeinschaft besteht. So wie es die Gemeinschaft der Liebe von Anfang an gab und bis ans Ende geben wird (vgl. 1 Joh 1,1ff), so kommt es leider auch von Anfang an zur Spaltung. Wir dürfen uns nicht darüber wundern, dass es sie auch heute gibt: »Sie sind aus unserer Mitte gekommen – heißt es im Ersten Brief des Johannes –, aber sie gehörten nicht zu uns; denn wenn sie zu uns gehört hätten, wären sie bei uns geblieben. Es sollte aber offenbar werden, dass sie alle nicht zu uns gehörten« (2,19). Es besteht also in den Geschehnissen der Welt und auch in den Schwächen der Kirche immer die Gefahr, den Glauben und damit auch die Liebe und die Brüderlichkeit zu verlieren. Derjenige, der an die Kirche der Liebe glaubt und in ihr leben will, hat daher die Pflicht, auch diese Gefahr zu erkennen, und zu akzeptieren, dass mit denjenigen, die sich von der Lehre des Heils entfernt haben, die Gemeinschaft dann nicht möglich ist (vgl. 2 Joh 9–11).

Dass sich die entstehende Kirche dieser möglichen Spannungen in der Gemeinschaftserfahrung sehr wohl bewusst war, zeigt der Erste Brief des Johannes: Es gibt im Neuen Testament keine Stimme, die kraftvoller die Wirklichkeit und die Pflicht der brüderlichen Liebe unter den Christen hervorhöbe; dieselbe Stimme jedoch wendet sich mit drastischer Strenge an die Gegner, die einst Mitglieder der Gemeinschaft waren und es jetzt nicht mehr sind. Die Kirche der Liebe ist auch die Kirche der Wahrheit, vor allem im Sinne der Treue zum Evangelium, das der Herr Jesus den Seinen anvertraut hat. Die christliche Brüderlichkeit entsteht daraus, dass wir vom Geist der Wahrheit zu Kindern desselben Vaters gemacht werden: »Denn alle, die sich vom Geist Gottes leiten lassen, sind Söhne Gottes« (Röm 8,14). Um aber in Einheit und Frieden zu leben, braucht die Familie der Kinder Gottes jemanden, der sie in der Wahrheit bewahrt und sie mit weisem und maßgebendem Unterscheidungsvermögen führt: Das zu tun, ist die Aufgabe, zu der das Apostelamt berufen ist. Und hier kommen wir zu einem wichtigen Punkt. Die Kirche ist ganz aus dem Heiligen Geist, sie hat aber eine Struktur, die Apostolische Sukzession, der die Verantwortung obliegt, zu gewährleisten, dass die Kirche in der von Christus geschenkten Wahrheit bleibt, aus der auch die Fähigkeit zur Liebe kommt.

Das erste Summarium der Apostelgeschichte bringt mit großer Eindringlichkeit zum Ausdruck, wie diese Werte im Leben der entstehenden Kirche zusammenlaufen: »Sie hielten an der Lehre der Apostel fest und an der Gemeinschaft (›koinonía‹), am Brechen des Brotes und an den Gebeten« (Apg 2,42). Die Gemeinschaft entsteht aus dem Glauben, der durch die apostolische Predigt geweckt wird; sie wird vom Brechen des Brotes und vom Gebet genährt und kommt in der brüderlichen Liebe und im Dienst zum Ausdruck. Wir stehen vor der Beschreibung der Gemeinschaft der entstehenden Kirche mit dem Reichtum ihrer inneren Dynamik und ihren sichtbaren Ausdrucksformen: Bewahrt und gefördert wird das Geschenk der Gemeinschaft besonders durch den apostolischen Dienst, der seinerseits eine Gabe an die ganze Gemeinschaft ist.

Die Apostel und ihre Nachfolger sind daher die Bewahrer und maßgeblichen Zeugen des der Kirche übergebenen Gutes der Wahrheit, so wie sie auch die Diener der Liebe sind: zwei Aspekte, die zusammengehören. Sie müssen immer an die Untrennbarkeit dieses zweifachen Dienstes denken, der in Wirklichkeit nur ein einziger ist: die vom Herrn Jesus offenbarte und geschenkte Wahrheit und Liebe. In diesem Sinn ist ihr Dienst vor allem ein Dienst der Liebe: Die Liebe, die sie leben und fördern sollen, ist von der Wahrheit, die sie bewahren und weitergeben, nicht zu trennen. Die Wahrheit und die Liebe sind zwei Gesichter derselben Gabe, die von Gott kommt und die dank des apostolischen Dienstes in der Kirche bewahrt wird und uns bis in unsere Gegenwart hinein erreicht! Auch durch den Dienst der Apostel und ihrer Nachfolger erreicht uns die Liebe des dreifaltigen Gottes, um uns die Wahrheit zu vermitteln, die uns befreit (vgl. Joh 8,32)! All das, was wir in der entstehenden Kirche sehen, drängt uns, für die Nachfolger der Apostel, für alle Bischöfe und für die Nachfolger Petri zu beten, auf dass sie wirklich Bewahrer der Wahrheit und zugleich der Liebe sein mögen, auf dass sie in diesem Sinne wirklich Apostel Christi sein mögen, damit sein Licht, das Licht der Wahrheit und der Liebe, in der Kirche und in der Welt niemals verlösche.

(5. April 2006)

Die Gemeinschaft in der Zeit: Die Tradition

Liebe Brüder und Schwestern!

Danke für eure Zuneigung! In der neuen, vor Kurzem begonnenen Katechesereihe versuchen wir, den ursprünglichen Plan der Kirche, wie der Herr sie gewollt hat, zu verstehen, um so auch unseren Standort, unser christliches Leben in der großen Gemeinschaft der Kirche, besser zu erfassen. Bis jetzt haben wir verstanden, dass die kirchliche Gemeinschaft vom Heiligen Geist aufgebaut und gestützt und vom apostolischen Dienst behütet und gefördert wird. Und diese Gemeinschaft, die wir Kirche nennen, erstreckt sich nicht nur auf alle Gläubigen in einem bestimmten geschichtlichen Zeitabschnitt, sondern sie umfasst alle Zeiten und alle Generationen. Wir haben es also mit einer doppelten Universalität zu tun: mit der synchronen Universalität – wir sind mit den Gläubigen in allen Teilen der Welt vereint – und auch mit einer sogenannten diachronen Universalität, das heißt, alle Zeiten gehören zu uns, auch die Gläubigen der Vergangenheit und die der Zukunft bilden mit uns eine einzige große Gemeinschaft. Der Geist erscheint als Garant der aktiven Präsenz des Geheimnisses in der Geschichte, als derjenige, der die Verwirklichung des Geheimnisses durch die Jahrhunderte hindurch gewährleistet. Es ist dem Parakleten [dem Geist als Helfer] zu verdanken, dass die Erfahrung des Auferstandenen, die von der apostolischen Gemeinschaft in der Anfangszeit der Kirche gemacht wurde, von den nachfolgenden Generationen stets gelebt werden kann, da sie im Glauben, im Gottesdienst und in der Gemeinschaft des durch die Zeit pilgernden Gottesvolkes weitergegeben und gegenwärtig gemacht wird. Und so erleben wir jetzt, in der Osterzeit, die Begegnung mit dem Auferstandenen nicht nur als etwas Vergangenes, sondern wir erleben sie in der gegenwärtigen Gemeinschaft des Glaubens, der Liturgie und des Lebens der Kirche. In dieser Weitergabe der Heilsgüter, die in der Kraft des Geistes die christliche Gemeinschaft zu einer ständigen Vergegenwärtigung der ersten Gemeinschaft macht, besteht die Apostolische Tradition der Kirche. Sie wird so genannt, weil sie aus dem Zeugnis der Apostel und der Gemeinschaft der Jünger in der Anfangszeit entstanden und unter der Führung des Heiligen Geistes in die Schriften des Neuen Testaments und in das sakramentale Leben, in das Glaubensleben aufgenommen worden ist. Und auf sie – auf diese Tradition, die die ganze, stets aktuelle Wirklichkeit der Gabe Jesu ist – nimmt die Kirche ständig Bezug durch die ununterbrochene Sukzession des apostolischen Dienstes: Sie ist ihre Grundlage und ihre Richtschnur.

Jesus beschränkte zwar während seines Erdenlebens seine Sendung noch auf das Haus Israel, gab aber bereits zu verstehen, dass die Gabe nicht nur für das Volk Israel, sondern für die ganze Welt und alle Zeiten bestimmt war. Der Auferstandene vertraut dann den Aposteln ausdrücklich (vgl. Lk 6,13) die Aufgabe an, alle Völker zu Jüngern zu machen, und sichert ihnen seine Gegenwart und seine Hilfe bis ans Ende der Zeiten zu (vgl. Mt 28,19f). Die Universalität des Heils erfordert zudem, dass das Gedächtnis des Pascha in der Geschichte bis zur glorreichen Wiederkehr Christi ununterbrochen gefeiert wird (vgl. 1 Kor 11,26). Wer wird die heilbringende Gegenwart des Herrn Jesus durch den Dienst der Apostel – der Häupter des endzeitlichen Israel (vgl. Mt 19,28) – und durch das ganze Leben des Volkes des Neuen Bundes verwirklichen? Die Antwort ist klar: der Heilige Geist. Die Apostelgeschichte zeigt – in Fortführung des Lukasevangeliums – in lebendiger Weise, wie der Geist, die von Christus Entsandten und die von ihnen gesammelte Gemeinde einander durchdringen. Dank des Wirkens des Parakleten können die Apostel und ihre Nachfolger die Sendung, die sie vom Auferstandenen erhalten haben, in der Zeit verwirklichen: »Ihr seid Zeugen dafür. Und ich werde die Gabe, die mein Vater verheißen hat, zu euch herabsenden ...« (Lk 24,48f). »Ihr werdet die Kraft des Heiligen Geistes empfangen, der auf euch herabkommen wird; und ihr werdet meine

Zeugen sein in Jerusalem und in ganz Judäa und Samarien und bis an die Grenzen der Erde« (Apg 1,8). Und diese anfangs unglaubliche Verheißung hat sich bereits zur Zeit der Apostel erfüllt: »Zeugen dieser Ereignisse sind wir und der Heilige Geist, den Gott allen verliehen hat, die ihm gehorchen« (Apg 5,32).

Es ist also der Geist selbst, der durch die Handauflegung und das Gebet der Apostel die neuen Missionare des Evangeliums weiht und aussendet (so zum Beispiel in Apg 13,3f und 1 Tim 4,14). Es ist interessant zu beobachten, dass es an einigen Stellen heißt, Paulus bestelle die Ältesten in den Gemeinden (vgl. Apg 14,23), während an anderen Stellen gesagt wird, dass es der Heilige Geist sei, der die Hirten der Herde einsetzt (vgl. Apg 20,28). Das Wirken des Geistes und das Handeln des Paulus erweisen sich so als tief voneinander durchdrungen. In der Stunde hoher Entscheidungen für das Leben der Kirche ist der Geist anwesend, um sie zu führen. Diese Anwesenheit und Führung des Heiligen Geistes ist besonders beim Apostelkonzil in Jerusalem zu spüren, in dessen Schlussworten die Aussage zu vernehmen ist: »Der Heilige Geist und wir haben beschlossen ...« (Apg 15,28); die Kirche wächst und schreitet voran »in der Furcht vor dem Herrn und ... durch die Hilfe des Heiligen Geistes« (Apg 9,31). Diese ständige Verwirklichung der aktiven Präsenz Jesu, des Herrn, in seinem Volk, die vom Heiligen Geist be-

wirkt wird und in der Kirche durch den apostolischen Dienst und die brüderliche Gemeinschaft
zum Ausdruck kommt, ist das, was man im theologischen Sinn unter dem Begriff Tradition versteht: Sie ist nicht einfach die materielle Weitergabe dessen, was den Aposteln am Anfang
geschenkt wurde, sondern sie ist die wirksame Gegenwart des gekreuzigten und auferstandenen
Herrn Jesus, der die von ihm gesammelte Gemeinde im Heiligen Geist begleitet und führt.

Die Tradition ist die Gemeinschaft der um die
rechtmäßigen Bischöfe herum versammelten
Gläubigen im Laufe der Geschichte, eine Gemeinschaft, die der Heilige Geist nährt, indem er die
Verbindung zwischen der Erfahrung des apostolischen Glaubens, wie sie in der ursprünglichen Gemeinschaft der Jünger gelebt wurde, und der gegenwärtigen Christuserfahrung in seiner Kirche
sicherstellt. Mit anderen Worten, die Tradition ist
die organische Kontinuität der Kirche, des heiligen
Tempels Gottes, des Vaters, errichtet auf dem Fundament der Apostel und zusammengehalten vom
Schlussstein, Christus, durch das belebende Wirken des Geistes: »Ihr seid also jetzt nicht mehr
Fremde ohne Bürgerrecht, sondern Mitbürger der
Heiligen und Hausgenossen Gottes. Ihr seid auf
das Fundament der Apostel und Propheten gebaut; der Schlussstein ist Christus Jesus selbst.
Durch ihn wird der ganze Bau zusammengehalten
und wächst zu einem heiligen Tempel im Herrn.

Durch ihn werdet auch ihr im Geist zu einer Wohnung Gottes erbaut« (Eph 2,19–22). Dank der Tradition, die durch den Dienst der Apostel und ihrer Nachfolger gewährleistet ist, erreichen das Wasser, das aus der Seite Christi fließt, und sein heilendes Blut die Frauen und Männer aller Zeiten. So ist die Tradition die ständige Gegenwart des Retters, der kommt, um uns zu begegnen und uns im Geist durch den Dienst seiner Kirche zur Ehre des Vaters zu erlösen und zu heiligen.

Zum Abschluss können wir also zusammenfassend sagen, dass die Tradition nicht die Weitergabe von Dingen oder Worten, keine Ansammlung toter Dinge ist. Die Tradition ist der lebendige Fluss, der uns mit den Ursprüngen verbindet, der lebendige Fluss, in dem die Ursprünge stets gegenwärtig sind, der große Fluss, der uns zum Hafen der Ewigkeit führt. Und weil das so ist, wird in diesem lebendigen Fluss immer wieder das Wort des Herrn verwirklicht, das wir am Anfang aus dem Mund des Lektors gehört haben: »Seid gewiss: Ich bin bei euch alle Tage bis zum Ende der Welt« (Mt 28,20).

(26. April 2006)

Die Apostolische Tradition

Liebe Brüder und Schwestern!
In diesen Katechesen wollen wir ein wenig verstehen, was die Kirche ist. Das letzte Mal haben wir über das Thema der Apostolischen Tradition nachgedacht. Wir haben gesehen, dass sie keine Ansammlung von Dingen oder Worten ist, kein Behältnis für tote Dinge; die Tradition ist der Fluss des neuen Lebens, der von den Ursprüngen kommt, von Christus bis zu uns, und uns in die Geschichte Gottes mit der Menschheit einbindet. Dieses Thema der Tradition ist so wichtig, dass ich heute noch einmal dabei verweilen möchte: Es ist nämlich von großer Bedeutung für das Leben der Kirche. Das Zweite Vatikanische Konzil hat diesbezüglich hervorgehoben, dass die Tradition vor allem in ihrem Ursprung »apostolisch« ist: »Was Gott zum Heil aller Völker geoffenbart hatte, das sollte – so hat er in Güte verfügt – für alle Zeiten unversehrt erhalten bleiben und allen Geschlechtern weitergegeben werden. Darum hat Christus der Herr, in dem die ganze Offenbarung des höchsten Gottes sich vollendet (vgl. 2 Kor 1,20; 3,16 – 4,6), den Aposteln geboten, das Evangelium ... allen zu predigen als die Quelle jeglicher Heilswahrheit und Sitten-

lehre und ihnen so göttliche Gaben mitzuteilen« (Dogmatische Konstitution *Dei Verbum*, 7). Das Konzil hält weiter fest, dass diese Aufgabe »durch die Apostel, die durch mündliche Predigt, durch Beispiel und Einrichtungen weitergaben, was sie aus Christi Mund, im Umgang mit ihm und durch seine Werke empfangen oder was sie unter der Eingebung des Heiligen Geistes gelernt hatten«, treu ausgeführt worden sei (ebd.). Mit den Aposteln, fügt das Konzil hinzu, arbeiteten auch Männer aus ihrem Umkreis zusammen, »die unter der Inspiration des gleichen Heiligen Geistes die Botschaft vom Heil niederschrieben« (ebd.).

Als Häupter des endzeitlichen Israel – auch sie zwölf an der Zahl wie die Stämme des auserwählten Volkes – setzen die Apostel die vom Herrn begonnene »Sammlung« fort, und sie tun dies vor allem, indem sie die empfangene Gabe, die Frohe Botschaft vom Reich, das in Jesus Christus zu den Menschen gekommen ist, treu weitergeben. Ihre Zahl bringt nicht nur die Kontinuität mit der heiligen Wurzel, dem Israel der zwölf Stämme, zum Ausdruck, sondern auch die universale Bestimmung ihres Dienstes, Boten des Heils zu sein bis an die äußersten Grenzen der Erde. Das kann man aus dem symbolischen Wert ersehen, den die Zahlen in der semitischen Welt besitzen: Die Zwölf ergibt sich aus der Multiplikation der Drei, der vollkommenen Zahl, mit der Vier, der Zahl, die auf die vier Himmelsrichtungen und somit auf die gesamte Welt verweist.

Die durch die Verkündigung des Evangeliums entstandene Gemeinde versteht sich als eine Gemeinschaft, die durch das Wort derer zusammengerufen wurde, die als Erste den Herrn erfahren hatten und von ihm ausgesandt wurden. Sie weiß, dass sie auf die Führung der Zwölf ebenso zählen kann wie auf die Führung derjenigen, die ihnen im Laufe der Zeit als ihre Nachfolger im Dienst am Wort und im Dienst an der Gemeinschaft folgen. Die Gemeinde fühlt sich daher verpflichtet, die »Frohe Botschaft« der aktuellen, im Heiligen Geist wirksamen Gegenwart des Herrn und seines Ostergeheimnisses an die anderen weiterzugeben. Das wird an einigen Stellen der paulinischen Briefe hervorgehoben: »Denn vor allem habe ich euch überliefert, was auch ich empfangen habe« (1 Kor 15,3). Und das ist wichtig. Der hl. Paulus, der, wie man weiß, ursprünglich persönlich von Christus berufen wurde, ist ein wahrer Apostel, und dennoch zählt auch für ihn grundlegend die Treue zu dem, was er empfangen hat. Er wollte kein neues, sozusagen »paulinisches« Christentum »erfinden«. Deshalb bestand er darauf: »Vor allem habe ich euch überliefert, was auch ich empfangen habe.« Er hat das Ursprungsgeschenk überliefert, das vom Herrn kommt und die Wahrheit ist, die rettet. Am Ende seines Lebens schreibt er dann an Timotheus: »Bewahre das dir anvertraute kostbare Gut durch die Kraft des Heiligen Geistes, der in uns wohnt« (2 Tim 1,14). Das zeigt auf wirksame Weise auch das folgende antike christliche Glaubenszeugnis, das von Tertullian um das Jahr 200 niedergeschrieben wurde: »(Die Apostel) bezeugten zuerst in Judäa den Glauben an Jesus Christus und gründeten Gemeinden. Und als sie sich bald darauf über die ganze Welt verbreiteten, verkündeten sie dieselbe Lehre und denselben Glauben den Völkern und gründeten in jeder Stadt Gemeinden. Von diesen entliehen dann die anderen Gemeinden den Ableger ihres Glaubens und die Samenkörner der Lehre und entleihen sie beständig weiter, um wirklich Gemeinden zu sein. Dadurch werden auch sie als Abkömmlinge der Gemeinden der Apostel wie apostolische Gemeinden angesehen« (*De praescriptione haereticorum*, 20: PL 2,32).

Das Zweite Vatikanische Konzil kommentiert: »Was von den Aposteln überliefert wurde, umfasst alles, was dem Volk Gottes hilft, ein heiliges Leben zu führen und den Glauben zu mehren. So führt die Kirche in Lehre, Leben und Kult durch die Zeiten weiter und übermittelt allen Geschlechtern alles, was sie selber ist, alles, was sie glaubt« (Dogmatische Konstitution *Dei Verbum*, 8). Die Kirche überliefert all das, was sie ist und glaubt. Sie überliefert es im Gottesdienst, im Leben, in der Lehre. Die Tradition ist also das lebendige Evangelium, das von den Aposteln in seiner Integrität auf der Grundlage der Fülle ihrer einzigartigen und unwiederholbaren Erfahrung verkündet wurde: Durch sie wird der Glaube den anderen Menschen übermittelt – bis zu uns, bis zum Ende der Welt. Die Tradition ist deshalb die Geschichte des Heiligen Geistes, der in der Geschichte der Kirche durch die Vermittlung der Apostel und ihrer Nachfolger in treuer Kontinuität mit der Erfahrung der Anfänge wirkt. So präzisiert der heilige Papst Clemens von Rom am Ende des I. Jahrhunderts: »Die Apostel«, so schreibt er, »die vom Herrn Jesus Christus gesandt worden waren, haben uns das Evangelium verkündet; Jesus Christus aber wurde von Gott gesandt. Christus kommt also von Gott, die Apostel von Christus: Beide gehen ordnungsgemäß vom Willen des Vaters aus ... Unsere Apostel erhielten durch unseren Herrn Jesus Christus Kenntnis davon, dass um die Bischofswürde Streitigkeiten entstehen würden. In genauer Voraussicht dessen, was eintreten würde, setzten sie deshalb die Gewählten ein und erteilten ihnen die Weisung, dass im Fall ihres Todes andere erprobte Männer ihren Dienst übernehmen sollten« (*Ad Corinthios*, 42.44: PG I,292.296).

Diese Kette des Dienstes reicht bis in die heutige Zeit und wird bis zum Ende der Welt andauern. Denn der Auftrag, den Jesus den Aposteln erteilt hatte, wurde von ihnen an ihre Nachfolger weitergegeben. Über die Erfahrung des persönlichen Kontakts mit Christus hinaus – eine einzigartige und unwiederholbare Erfahrung – haben die Apostel die vom Meister erhaltene hohe Sendung in die Welt auf ihre Nachfolger übertragen. Die Bezeichnung »Apostel« kommt vom griechischen Wort »apostéllein«, was »senden« heißt. Die apostolische Sendung schließt – wie der Text von Mt 28,19f zeigt – einen pastoralen (»Macht alle Menschen zu meinen Jüngern«), einen liturgischen (»tauft sie ...«) und einen prophetischen Dienst (»lehrt sie, alles zu befolgen, was ich euch geboten habe«) ein, der durch die Nähe des Herrn bis zum Ende der Zeiten gewährleistet ist (»Seid gewiss: Ich bin bei euch alle Tage bis zum Ende der Welt«). So machen auch wir, auf eine andere Weise als die Apostel, eine wahre und persönliche Erfahrung der Gegenwart des auferstandenen Herrn. Durch den apostolischen Dienst ist es also Christus selbst, der zu dem kommt, der zum Glauben berufen ist. Der Abstand der Jahrhunderte ist überwunden, und der Auferstandene bringt sich, lebendig und wirksam, für uns im Heute der Kirche und der Welt dar. Das ist unsere große Freude. Im lebendigen Fluss der Tradition ist Christus nicht zweitausend Jahre entfernt, sondern wirklich unter uns gegenwärtig und schenkt uns die Wahrheit, schenkt uns das Licht, das uns leben und den Weg in die Zukunft finden lässt.

(3. Mai 2006)

Die Apostolische Sukzession

Liebe Brüder und Schwestern!
Bei den letzten beiden Audienzen haben wir über die Bedeutung der Tradition in der Kirche nachgedacht und gesehen, dass sie die ständige Gegenwart des Wortes und des Lebens Jesu in seinem Volk ist. Aber um gegenwärtig zu sein, braucht das Wort eine Person, einen Zeugen. Und so entsteht dieses wechselseitige Verhältnis: Einerseits braucht das Wort die Person, aber andererseits ist die Person, der Zeuge, an das Wort gebunden, das ihm anvertraut ist und nicht von ihm erfunden wurde. Dieses wechselseitige Verhältnis des Inhalts – dem Wort Gottes, dem Leben des Herrn – und der Person, die es weitergibt, ist ein Wesensmerkmal der Struktur der Kirche. Und so wollen wir heute über diesen personalen Aspekt der Kirche nachdenken.

Der Herr hatte diesen, wie wir gesehen haben, eingeführt, als er die Zwölf zusammenrief, in denen das künftige Volk Gottes repräsentiert war. In Treue zu dem Auftrag, den sie vom Herrn empfangen haben, vervollständigen die Zwölf nach dessen Himmelfahrt zunächst ihre Zahl durch die Wahl des Matthias an Stelle des Judas (vgl. Apg 1,15–26); dann haben sie nach und nach andere an den ihnen übertragenen Aufgaben teilnehmen lassen, damit sie ihren Dienst weiterführen. Der Auferstandene selbst beruft Paulus (vgl. Gal 1,1), aber Paulus, obgleich vom Herrn selbst zum Apostel berufen, vergleicht seine Verkündigung mit dem Evangelium der Zwölf (vgl. ebd., 1,18) und trägt Sorge, das weiterzugeben, was er empfangen hat (vgl. 1 Kor 11,23; 15,3–4). Bei der Verteilung der missionarischen Aufgaben wird Paulus in die Reihe der Apostel aufgenommen, zusammen mit anderen, zum Beispiel mit Barnabas (vgl. Gal 2,9). So wie am Anfang des Apostelstandes eine Berufung und Sendung durch den Auferstandenen steht, so wird die nachfolgende Berufung und Sendung anderer in der Kraft des Heiligen Geistes durch den erfolgen, der bereits in das apostolische Amt eingesetzt worden ist. Das ist der Weg, auf dem dieses Amt fortdauern wird, das dann ab der zweiten Generation Bischofsamt, »episkopé«, heißen wird.

Es ist vielleicht nützlich, kurz zu erklären, was »vescovo« [»Bischof«] bedeutet. Es handelt sich um die italienische Form des griechischen Wortes »epískopos«. Dieser Begriff bezeichnet jemanden, der die Dinge von oben betrachtet, der mit dem Herzen schaut. So nennt der hl. Petrus selbst in seinem ersten Brief den Herrn Jesus »Hirt und Bischof eurer Seelen« (2,25). Und nach diesem Vorbild des Herrn, der der erste Bischof und Hirt der Seelen ist, haben sich die Nachfolger der Apostel dann Bischöfe, »epískopoi«, genannt. Ihnen ist das Amt der »episkopé« anvertraut. Genau diese Aufgabe des Bischofs wird sich im Vergleich zu den Anfängen allmählich weiterentwickeln, um schließlich die – bereits bei Ignatius von Antiochien am Beginn des 2. Jahrhunderts (vgl. *Ad Magnesios*, 6,1: PG 5,668) klar bezeugte – Gestalt des dreifachen Amtes anzunehmen: Bischof, Priester und Diakon. Diese Entwicklung geschah unter der Führung des Geistes Gottes, welcher der Kirche bei der Unterscheidung der wahren Formen der apostolischen Nachfolge hilft. Sie werden inmitten einer Vielfalt von Erfahrungen und charismatischen sowie amtlichen Ausdrucksformen, wie sie in den Urgemeinden vorhanden waren, immer besser definiert.

Somit erscheint die Nachfolge im Bischofsamt als Kontinuität des apostolischen Dienstes, als Garantie für das Festhalten an der Apostolischen Tradition – Wort und Leben –, die uns vom Herrn anvertraut worden ist. Das Band zwischen dem Bischofskollegium und der Urgemeinde der Apostel ist vor allem in der Linie der historischen Kontinuität zu verstehen. Wie wir gesehen haben, wird den Zwölfen zuerst Matthias zugerechnet, dann Paulus, dann Barnabas, dann Weitere, bis sich in der zweiten und dritten Generation das Amt des Bischofs herausbildet. In dieser historischen Kette kommt also die Kontinuität zum Ausdruck. Und in der Kontinuität der Nachfolge liegt die Garantie für das Ausharren des Apostelkollegiums, das

Christus um sich versammelt hat, in der kirchlichen Gemeinschaft. Aber diese Kontinuität, die wir zunächst in der historischen Kontinuität der Ämter sehen, ist auch im geistlichen Sinn zu verstehen, weil die apostolische Nachfolge im Amt als bevorzugter Ort des Wirkens und der Weitergabe des Heiligen Geistes betrachtet wird. Ein deutliches Echo dieser Überzeugungen findet sich zum Beispiel in dem folgenden Text des Irenäus von Lyon (2. Hälfte des 2. Jahrhunderts): »Die in der ganzen Welt sichtbare Tradition der Apostel zeigt sich in jeder Kirche all denen, die die Wahrheit sehen wollen, und wir können die Bischöfe aufzählen, die von den Aposteln in den einzelnen Kirchen eingesetzt wurden, und ihre Nachfolger bis zu uns ... (Die Apostel) wollten in der Tat, dass diejenigen, die sie als ihre Nachfolger zurückließen, indem sie ihnen die eigene Sendung der Lehre übertrugen, in allem absolut vollkommen und ohne Tadel seien. Wenn sie richtig verstanden hätten, so hätten sie weiterhin große Vorteile geerntet; wenn sie gefehlt hätten, so hätten sie einen sehr großen Schaden erlitten« (*Adversus haereses*, III, 3,1: PG 7,848).

Irenäus, der hier auf dieses Netz der apostolischen Nachfolge als Garantie für das Verbleiben im Wort des Herrn hinweist, richtet dann seine Aufmerksamkeit auf jene »höchste und älteste und allen bekannte« Kirche, die »von den beiden glorreichsten Aposteln Petrus und Paulus in Rom gegründet und eingerichtet worden ist«, wobei er die Glaubenstradition hervorhebt, die in ihr durch die Nachfolge der Bischöfe von den Aposteln bis zu uns gelangt. Für Irenäus und die universale Kirche wird auf diese Weise die bischöfliche Nachfolge der Kirche Roms Zeichen, Kriterium und Garantie für die ununterbrochene Weitergabe des apostolischen Glaubens: »Aufgrund ihrer besonderen Vorrangigkeit (›propter potiorem principalitatem‹) muss mit dieser Kirche jede Kirche in Einklang stehen, das heißt die Gläubigen überall auf der Welt, weil in ihr die Tradition der Apostel immer bewahrt worden ist ...« (*Adversus haereses*, III, 3,2: PG 7,848). Die Apostolische Sukzession, die auf der Grundlage der Gemeinschaft mit der Kirche Roms beglaubigt wird, ist also das Kriterium dafür, dass die einzelnen Kirchen in der Tradition des gemeinsamen apostolischen Glaubens verbleiben, der durch diesen Kanal vom Ursprung bis zu uns gelangen konnte: »Durch diese Ordnung und durch diese Sukzession sind die Tradition, die in der Kirche seit den Aposteln vorhanden ist, und die Verkündigung der Wahrheit bis zu uns gelangt. Und das ist der vollständigste Beweis dafür, dass der Glaube der eine und derselbe lebendigmachende Glaube ist, der von den Aposteln herkommt, der in der Wahrheit bewahrt und weitergegeben worden ist« (ebd., III, 3,3: PG 7,851).

Nach diesen Zeugnissen der frühen Kirche besteht die Apostolizität der kirchlichen Gemeinschaft in der Treue zur Lehre und Praxis der Apostel, durch die die historische und geistige Einheit der Kirche mit Christus sichergestellt ist. Die apostolische Nachfolge des Bischofsamtes ist der Weg, der die getreue Weitergabe des apostolischen Zeugnisses garantiert. Was die Apostel in der Beziehung zwischen dem Herrn Jesus und der Kirche des Ursprungs darstellen, das stellt in analoger Weise die Nachfolge des apostolischen Amtes in der Beziehung zwischen der Kirche des Ursprungs und der heutigen Kirche dar. Es ist keine rein materielle Verkettung; es ist vielmehr das historische Werkzeug, dessen sich der Heilige Geist bedient, um den Herrn Jesus, Haupt seines Volkes, durch all jene gegenwärtig zu machen, die durch die Handauflegung und das Gebet der Bischöfe für das Amt geweiht worden sind. Durch die apostolische Sukzession ist es also Jesus Christus, der zu uns kommt: Er ist es, der im Wort der Apostel und ihrer Nachfolger zu uns spricht; er ist es, der durch ihre Hände in den Sakramenten wirkt; in ihrem Blick ist es sein Blick, der uns umfängt und uns spüren lässt, dass wir geliebt werden und im Herzen Gottes angenommen sind. Und auch heute, wie am Anfang, ist Christus selbst der wahre Hirt und Hüter unserer Seelen, dem wir mit großem Vertrauen, voll Dankbarkeit und Freude folgen.

(10. Mai 2006)

II. Die Zwölf

Petrus, der Fischer

Liebe Brüder und Schwestern!
In der neuen Katechesenreihe haben wir zunächst
versucht, besser zu verstehen, was die Kirche ist,
welche Vorstellung der Herr hinsichtlich dieser
seiner neuen Familie hat. Dann haben wir gesagt,
dass die Kirche in den Personen lebt. Und wir haben gesehen, dass der Herr diese neue Wirklichkeit, die Kirche, den zwölf Aposteln anvertraut hat.
Nun wollen wir diese einzeln, einen nach dem anderen betrachten, um anhand der Personen zu verstehen, was es heißt, Kirche zu leben, was es
heißt, Jesus nachzufolgen. Wir beginnen mit dem
hl. Petrus.

Nach Jesus ist Petrus die bekannteste und
meistgenannte Person in den Schriften des Neuen
Testaments: Er wird 154-mal mit dem Beinamen
»Pétros«, »Stein«, »Fels«, erwähnt: Das ist die
griechische Übersetzung des aramäischen »Kefa«,
jenes Namens, der ihm direkt von Jesus gegeben
wurde und der neunmal, vor allem in den Paulus-
briefen, belegt ist; dann ist noch der häufig ange-
führte Name »Simon« hinzuzufügen (75-mal), die
gräzisierte Form seines ursprünglichen hebräischen Namens »Simeon« (zweimal: Apg 15,14;

2 Petr 1,1). Simon, der Sohn des Johannes (vgl. Joh 1,42) oder, in der aramäischen Form, »Barjona«, Sohn des Jonas (vgl. Mt 16,17), stammt aus Betsaida (vgl. Joh 1,44), einer kleinen Stadt östlich des Sees von Galiläa, aus der auch Philippus und natürlich Andreas, der Bruder des Simon, kamen. Seine Aussprache verriet den galiläischen Akzent. Auch er war, wie sein Bruder, Fischer: Zusammen mit der Familie des Zebedäus, des Vaters von Jakobus und Johannes, führte er einen kleinen Fischereibetrieb am See Gennesaret (vgl. Lk 5,10). Deshalb dürfte er einen gewissen wirtschaftlichen Wohlstand genossen haben, und er war von einem aufrichtigen religiösen Interesse beseelt, von einem Verlangen nach Gott – er wünschte sich, dass Gott in die Welt eingreife –, ein Verlangen, das ihn dazu veranlasste, sich zusammen mit seinem Bruder bis nach Judäa zu begeben, um der Verkündigung Johannes des Täufers zu folgen (vgl. Joh 1,35–42).

Er war ein strenggläubiger Jude, vertraute auf die wirksame Gegenwart Gottes in der Geschichte seines Volkes, und es schmerzte ihn, dass er Gottes mächtiges Wirken in den Begebenheiten, deren Zeuge er jetzt war, nicht zu sehen vermochte. Er war verheiratet, und seine Schwiegermutter, die eines Tages von Jesus geheilt wurde, lebte in der Stadt Kafarnaum in dem Haus, in dem auch Simon wohnte, wenn er sich in jener Stadt aufhielt (vgl. Mt 8,14f; Mk 1,29ff; Lk 4,38f). Durch kürzlich

erfolgte archäologische Ausgrabungen ist es ge-
lungen, unter dem achteckigen Mosaikfußboden
einer kleinen byzantinischen Kirche die Spuren einer älteren Kirche zutage zu fördern, die in jenem
Haus eingerichtet worden war, wie die Graffiti mit
Anrufungen an Petrus bezeugen. Die Evangelien
berichten uns, dass Petrus unter den ersten vier
Jüngern des Nazareners war (vgl. Lk 5,1–11), denen
sich ein fünfter anschloss, entsprechend dem
Brauch jedes Rabbiners, fünf Schüler zu haben
(vgl. Lk 5,27: Berufung des Levi). Als dann Jesus
von fünf zu zwölf Jüngern übergeht (vgl. Lk
9,1–6), wird die Neuheit seiner Sendung klar: Er
ist nicht ein Rabbiner unter vielen, sondern er ist
gekommen, das endzeitliche Israel zusammen-
zuführen, das durch die Zahl Zwölf, die Zahl der
Stämme Israels, symbolisiert wird.

Simon tritt uns in den Evangelien mit einem
entschiedenen und impulsiven Charakter entgegen; er ist bereit, seine Überzeugungen auch
mit Gewalt durchzusetzen (man denke an den Gebrauch des Schwertes im Garten am Fuß des Öl-
bergs, vgl. Joh 18,10f). Gleichzeitig ist er manchmal naiv und ängstlich und dennoch ehrlich, bis
hin zur aufrichtigsten Reue (vgl. Mt 26,75). Die
Evangelien erlauben es, seinen geistlichen Weg
Schritt für Schritt zu verfolgen. Der Ausgangspunkt ist die Berufung durch Jesus. Sie ereignet
sich an einem gewöhnlichen Tag, während Petrus
seiner Arbeit als Fischer nachgeht. Jesus befindet

sich am See Gennesaret, und um ihn drängt sich die Menge, weil sie ihn hören will. Die Zahl der Zuhörer bereitet einige Schwierigkeiten. Der Meister sieht zwei Boote, die am Ufer liegen; die Fischer sind ausgestiegen und waschen die Netze. Da fragt er, ob er in das Boot, das Boot des Simon, einsteigen dürfe, und bittet ihn, vom Land wegzufahren. Er nimmt auf jenem improvisierten Lehrstuhl Platz und beginnt, das Volk vom Boot aus zu lehren (vgl. Lk 5,1–3). Und auf diese Weise wird das Boot des Petrus zum Lehrstuhl Jesu, zur »Kathedra«. Als er seine Rede beendet hat, sagt er zu Simon: »Fahr hinaus auf den See! Dort werft eure Netze zum Fang aus!« Simon antwortet ihm: »Meister, wir haben die ganze Nacht gearbeitet und nichts gefangen. Doch wenn du es sagst, werde ich die Netze auswerfen« (Lk 5,4–5). Jesus war Zimmermann und kein Experte im Fischfang: Dennoch vertraut der Fischer Petrus diesem Rabbi, der ihm keine Antworten gibt, sondern ihn dazu aufruft, ihm zu vertrauen. Seine Reaktion angesichts des wunderbaren Fischfangs ist Staunen und Schrecken: »Herr, geh weg von mir; ich bin ein Sünder« (Lk 5,8). Jesus antwortet ihm, indem er ihn auffordert, zu vertrauen und sich einem Plan zu öffnen, der alle seine Perspektiven übersteigt: »Fürchte dich nicht! Von jetzt an wirst du Menschen fangen« (Lk 5,10). Petrus konnte sich noch nicht vorstellen, dass er eines Tages nach Rom kommen und hier »Menschenfischer« für den Herrn sein würde. Er nimmt die überraschende Berufung an, sich in dieses große Abenteuer hineinziehen zu lassen: Er ist großmütig, er erkennt, dass er Grenzen hat, aber er glaubt an denjenigen, der ihn ruft, und folgt dem Traum seines Herzens. Er sagt Ja – ein mutiges und hochherziges Ja – und wird Jünger Jesu.

Einen anderen bedeutsamen Augenblick seines geistlichen Weges wird Petrus in der Nähe von Cäsarea Philippi erleben, als Jesus den Jüngern eine präzise Frage stellt: »Für wen halten mich die Menschen?« (Mk 8,27). Jesus genügt jedoch die aus dem Hörensagen stammende Antwort nicht. Von jemandem, der sich darauf eingelassen hat, in persönliche Beziehung zu ihm zu treten, möchte er eine persönliche Stellungnahme. Deshalb fragt er weiter: »Ihr aber, für wen haltet ihr mich?« (Mk 8,29). Es ist Petrus, der auch für die anderen antwortet: »Du bist der Christus«, das heißt der Messias (vgl. ebd.). Diese Antwort des Petrus, die nicht aus seinem »Fleisch und Blut« kam, sondern ihm vom Vater im Himmel geschenkt wurde (vgl. Mt 16,17), trägt gleichsam im Keim das künftige Glaubensbekenntnis der Kirche in sich. Dennoch hatte Petrus noch nicht den tiefen Gehalt der messianischen Sendung Jesu, den neuen Sinn dieses Wortes »Messias« verstanden. Das zeigt er wenig später, als er zu verstehen gibt, dass der Messias, den er in seinen Träumen ersehnt, sich sehr vom tatsächlichen Plan Gottes unterscheidet. Angesichts der Ankündigung der Passion entrüstet er sich und protestiert, womit er die heftige Reaktion Jesu hervorruft (vgl. Mk 8,32–33). Petrus will einen Messias, der als »göttlicher Mensch« die Erwartungen des Volkes erfüllt, indem er allen seine Macht auferlegt: Es ist auch unser Wunsch, dass der Herr seine Macht durchsetzt und die Welt sofort verwandelt; Jesus zeigt sich als »menschlicher Gott«, als Gottesknecht, der die Menge in ihren Erwartungen erschüttert, als er einen Weg der Demut und des Leidens einschlägt. Das ist die entscheidende Alternative, die auch wir immer wieder neu lernen müssen: Unter Zurückweisung Jesu den eigenen Erwartungen den Vorzug zu geben oder aber Jesus in der Wahrheit seiner Sendung anzunehmen und die allzu menschlichen Erwartungen zurückzustellen. Petrus – impulsiv, wie er ist – zögert nicht, Jesus beiseite zu nehmen und ihn zu tadeln. Die Antwort Jesu lässt alle seine falschen Erwartungen zusammenbrechen, als dieser ihn zu Bekehrung und Nachfolge aufruft: »Weiche hinter mich, Satan! Denn du hast nicht das im Sinn, was Gott will, sondern was die Menschen wollen« (Mk 8,33). Nicht du sollst mir den Weg weisen: Ich schlage meinen Weg ein, und du sollst wieder hinter mir hergehen.

So lernt Petrus, was es heißt, Jesus wirklich nachzufolgen. Es ist seine zweite Berufung, ähnlich jener Abrahams in Genesis 22, die auf die von Genesis 12 folgt: »Wer mein Jünger sein will, der verleugne sich selbst, nehme sein Kreuz auf sich und folge mir nach. Denn wer sein Leben retten will, wird es verlieren; wer aber sein Leben um meinetwillen und um des Evangeliums willen verliert, wird es retten« (Mk 8,34–35). Das ist das anspruchsvolle Gesetz der Nachfolge: Man muss, wenn es notwendig ist, auf die ganze Welt verzichten können, um die wahren Werte zu retten, die Seele zu retten, die Gegenwart Gottes in der Welt zu retten (vgl. Mk 8,36–37). Petrus nimmt, wenn auch mit Mühe, die Einladung Jesu an und setzt seinen Weg auf den Spuren des Meisters fort.

Mir scheint, dass diese verschiedenen Bekehrungen des hl. Petrus und seine ganze Gestalt ein großer Trost und eine großartige Lehre für uns sind: Auch wir haben Verlangen nach Gott, auch wir wollen großmütig sein, aber auch wir erwarten, dass Gott sich in der Welt als stark erweist und die Welt gemäß unseren Vorstellungen und gemäß den Bedürfnissen, die wir sehen, sofort verwandelt. Gott wählt einen anderen Weg. Gott wählt den Weg der Verwandlung der Herzen im Leiden und in der Demut. Und wie Petrus müssen auch wir uns immer wieder bekehren. Wir müssen Jesus nachfolgen und ihm nicht vorausgehen: Er ist es, der uns den Weg weist. So sagt uns Petrus: Du glaubst, die richtige Formel zu besitzen und das Christentum verändern zu müssen, aber es ist der Herr, der den Weg kennt. Es ist der Herr, der zu mir sagt, der zu dir sagt: Folge mir nach!

Und wir müssen den Mut und die Demut haben, Jesus nachzufolgen, weil er der Weg, die Wahrheit und das Leben ist.

(17. Mai 2006)

Petrus, der Apostel

Liebe Brüder und Schwestern!
In diesen Katechesen denken wir über die Kirche
nach. Wir haben gesagt, dass die Kirche in den
Personen lebt, und deshalb haben wir in der letzten Katechese begonnen, über die Gestalten der
einzelnen Apostel nachzudenken, angefangen
beim hl. Petrus. Wir haben zwei entscheidende
Abschnitte seines Lebens betrachtet: die Berufung
am See von Galiläa und dann das Glaubensbekenntnis: »Du bist der Christus, der Messias«.
Ein Bekenntnis, so haben wir gesagt, das noch un-
zureichend ist, in den Anfängen steht, und das
dennoch offen ist. Der hl. Petrus stellt sich in den
Weg der Nachfolge. Und so trägt dieses anfängliche Bekenntnis gleichsam im Keim bereits den
künftigen Glauben der Kirche in sich. Heute wollen wir zwei weitere wichtige Ereignisse im Leben
des hl. Petrus betrachten: die Brotvermehrung –
wir haben in dem soeben gelesenen Abschnitt die
Frage des Herrn und die Antwort des Petrus
gehört – und danach den Herrn, der Petrus dazu
beruft, Hirt der universalen Kirche zu sein.
    Wir beginnen mit dem Ereignis der Brotvermeh-
rung. Ihr wisst, dass das Volk dem Herrn stunden-

60

lang zugehört hatte. Am Ende sagt Jesus: Sie sind müde, sie haben Hunger, wir müssen diesen Menschen zu essen geben. Die Apostel fragen: Aber wie? Und Andreas, der Bruder des Petrus, lenkt die Aufmerksamkeit Jesu auf einen Jungen, der fünf Brote und zwei Fische bei sich hat. Doch was ist das für so viele Menschen, fragen sich die Apostel. Aber der Herr lässt die Menschen sich setzen und diese fünf Brote und zwei Fische verteilen. Und alle werden satt. Ja, der Herr beauftragt sogar die Apostel, unter ihnen auch Petrus, die reichlichen Reste einzusammeln: zwölf Körbe voll Brot (vgl. Joh 6,12–13). Daraufhin wollen die Menschen, als sie dieses Wunder sehen – das die so sehr erwartete Erneuerung eines neuen »Manna«, Geschenk des Brotes vom Himmel, zu sein scheint –, Jesus zu ihrem König machen. Aber Jesus nimmt das nicht an und zieht sich auf den Berg zurück, um ganz allein zu beten. Am nächsten Tag, am anderen Ufer des Sees, in der Synagoge von Kafarnaum, legte Jesus das Wunder aus – nicht im Sinne einer Königsherrschaft über Israel mit Macht von dieser Welt, in der Art, wie die Menge sie erhoffte, sondern im Sinne der Gabe seiner selbst: »Das Brot, das ich geben werde, ist mein Fleisch, (ich gebe es hin) für das Leben der Welt« (Joh 6,51). Jesus kündigt das Kreuz an und mit dem Kreuz die wahre Brotvermehrung, das eucharistische Brot – seine vollkommen neue Weise, König zu sein, eine Weise, die in völligem Gegensatz zu den Erwartungen der Menschen steht.

Wir können verstehen, dass diese Worte des Meisters – der nicht jeden Tag eine Brotvermehrung vollbringen will, der Israel keine Macht von dieser Welt anbieten will – den Menschen wirklich Schwierigkeiten bereiteten, ja dass sie für sie sogar unannehmbar waren. »Er gibt sein Fleisch«: Was soll das heißen? Und auch den Jüngern erscheint das, was Jesus in diesem Augenblick sagt, unannehmbar zu sein. Es war und ist für unser Herz, für unsere Mentalität, eine »unerträgliche« Rede, die den Glauben auf die Probe stellt (vgl. Joh 6,60). Viele Jünger zogen sich zurück. Sie wollten jemanden, der wirklich den Staat Israel, den Staat seines Volkes, erneuert, und nicht jemanden, der sagt: »Ich gebe mein Fleisch.« Wir können uns vorstellen, dass die Worte Jesu auch für Petrus, der sich in Cäsarea Philippi der Prophezeiung des Kreuzes entgegengestellt hatte, schwierig waren. Und dennoch, als Jesus die Zwölf fragte: »Wollt auch ihr weggehen?«, reagierte Petrus, vom Heiligen Geist geleitet, mit dem Schwung seines großzügigen Herzens. Im Namen aller antwortete er mit unvergänglichen Worten, die auch unsere Worte sind: »Herr, zu wem sollen wir gehen? Du hast Worte des ewigen Lebens. Wir sind zum Glauben gekommen und haben erkannt: Du bist der Heilige Gottes« (vgl. Joh 6,66–69).

Hier gibt Petrus wie in Cäsarea mit seinen Worten dem christologischen Glaubensbekenntnis der Kirche seinen Anfang, und er wird zum Sprachrohr auch der anderen Apostel und von uns Gläubigen aller Zeiten. Das will nicht heißen, dass er das Geheimnis Christi schon in seiner ganzen Tiefe verstanden hätte. Sein Glaube war noch ein Glaube, der in den Anfängen stand, ein Glaube auf dem Weg; zur wahren Fülle sollte er erst durch die Erfahrung des Ostergeschehens gelangen. Aber trotzdem war es schon Glaube, ein für die größere Wirklichkeit offener Glaube – offen vor allem deshalb, weil er kein Glaube an etwas, sondern Glaube an jemanden war: an Ihn, Christus. So ist auch unser Glaube immer ein Glaube, der in den Anfängen steht, und wir müssen noch einen langen Weg zurücklegen. Aber es ist wesentlich, dass es ein offener Glaube ist und dass wir uns von Jesus führen lassen, weil er den Weg nicht nur kennt, sondern der Weg ist.

Seine ungestüme Großherzigkeit bewahrt Petrus freilich nicht vor den Gefahren, die mit der menschlichen Schwäche verbunden sind. Das können wir im Übrigen auf der Grundlage unseres eigenen Lebens bestätigen. Petrus ist Jesus mit Eifer gefolgt, er hat die Glaubensprüfung bestanden, indem er sich ihm ganz hingab. Trotzdem kommt der Augenblick, in dem er der Angst nachgibt und fällt: Er verrät den Meister (vgl. Mk 14,66–72). Die Schule des Glaubens ist kein Triumphmarsch, sondern ein Weg, der mit Leiden und Liebe bedeckt ist, mit Prüfungen und einer Treue, die jeden Tag erneuert werden muss. Pe trus, der vollkommene Treue versprochen hatte, kennt die Bitternis und die Demütigung der Verleugnung: Der Übermütige lernt auf eigene Kosten die Demut. Auch Petrus muss lernen, schwach zu sein und der Vergebung zu bedürfen. Als ihm endlich die Maske abfällt und er die Wahrheit seines schwachen Herzens, das das Herz eines gläubigen Sünders ist, begreift, bricht er in befreiende Tränen der Reue aus. Nach diesen Tränen ist er bereit für seine Sendung.

An einem Frühlingsmorgen wird ihm diese Sendung vom auferstandenen Jesus anvertraut werden. Die Begegnung wird sich am Ufer des Sees von Tiberias zutragen. Es ist der Evangelist Johannes, der uns das Gespräch überliefert, das bei dieser Gelegenheit zwischen Jesus und Petrus stattfindet. Hier tritt uns in den Verben ein sehr bedeutsames Wortspiel entgegen. Im Griechischen drückt das Verb »philéo« die freundschaftliche Liebe aus, die zwar zärtlich, aber nicht allumfassend ist, während das Verb »agapáo« die vorbehaltlose, allumfassende und bedingungslose Liebe bedeutet. Jesus fragt Petrus beim ersten Mal: »Simon ..., liebst du mich (agapâs-me)« mit dieser allumfassenden und bedingungslosen Liebe (vgl. Joh 21,15)? Vor der Erfahrung des Verrates hätte der Apostel sicherlich gesagt: »Ich liebe dich bedingungslos (agapô-se)«. Jetzt, da er die bittere Traurigkeit der Untreue, das Drama der eigenen Schwäche kennengelernt hat, sagt er voll Demut: »Herr, ich habe dich lieb (philô-se)«, das heißt: »Ich liebe dich mit meiner armseligen menschlichen Liebe.« Christus fragt noch einmal: »Simon, liebst du mich mit dieser allumfassenden Liebe, die ich will?« Und Petrus wiederholt die Antwort seiner demütigen menschlichen Liebe: »Kyrie, philô-se«, »Herr, ich habe dich lieb, so wie ich liebzuhaben vermag.« Beim dritten Mal sagt Jesus zu Simon nur: »Phileîs-me?«, »Hast du mich lieb?« Simon versteht, dass Jesus seine armselige Liebe genügt, die einzige, zu der er fähig ist, und trotzdem ist er traurig darüber, dass der Herr so zu ihm sprechen musste. Deshalb antwortet er ihm: »Herr, du weißt alles; du weißt, dass ich dich liebhabe (philô-se).« Man möchte fast sagen, dass Jesus sich eher an Petrus angepasst hat als Petrus an Jesus! Gerade dieses göttliche Anpassen schenkt dem Jünger, der das Leid der Untreue kennengelernt hat, Hoffnung. Daraus erwächst das Vertrauen, das ihn zur Nachfolge bis ans Ende fähig macht: »Das sagte Jesus, um anzudeuten, durch welchen Tod er Gott verherrlichen würde. Nach diesen Worten sagte er zu ihm: Folge mir nach!« (Joh 21,19).

Von jenem Tag an »folgte« Petrus dem Meister mit dem klaren Bewusstsein der eigenen Schwäche; aber dieses Bewusstsein hat ihn nicht entmutigt. Er wusste nämlich, dass er auf die Gegenwart des Auferstandenen an seiner Seite zählen konnte. Vom naiven Enthusiasmus der anfänglichen Zustimmung über die schmerzhafte Erfahrung der Verleugnung und die Tränen der Bekehrung ist

Petrus dahin gelangt, sich jenem Jesus anzuvertrauen, der sich seiner armseligen Liebesfähigkeit angepasst hat. Und so zeigt er auch uns den Weg, ungeachtet all unserer Schwäche. Wir wissen, dass Jesus sich unserer Schwäche anpasst. Wir folgen ihm mit unserer armseligen Liebesfähigkeit und wissen, dass Jesus gut ist und uns annimmt. Es war für Petrus ein langer Weg, der ihn zu einem zuverlässigen Zeugen gemacht hat, zum »Felsen« der Kirche, weil er ständig für das Wirken des Geistes Jesu offen war. Petrus selbst wird sich als »Zeuge der Leiden Christi« bezeichnen, der »auch an der Herrlichkeit teilhaben soll, die sich offenbaren wird« (1 Petr 5,1). Wenn er diese Worte schreiben wird, wird er schon alt sein und auf das Ende seines Lebens zugehen, das er mit dem Martyrium beschließen wird. Dann wird er in der Lage sein, die wahre Freude zu beschreiben und zu zeigen, wo man sie schöpfen kann: Die Quelle ist Christus, den wir mit unserem schwachen, aber aufrichtigen Glauben lieben und an den wir glauben, trotz unserer Schwäche. Deshalb wird er an die Christen seiner Gemeinde schreiben und sagt auch uns: »Ihn habt ihr nicht gesehen, und dennoch liebt ihr ihn; ihr seht ihn auch jetzt nicht; aber ihr glaubt an ihn und jubelt in unsagbarer, von himmlischer Herrlichkeit verklärter Freude, da ihr das Ziel des Glaubens erreichen werdet: euer Heil« (1 Petr 1,8–9).

(24. Mai 2006)

Petrus: Der Fels, auf dem Christus die Kirche gründete

Liebe Brüder und Schwestern!
Wir nehmen die wöchentlichen Katechesen wieder auf, mit denen wir in diesem Frühjahr begonnen haben. Bei der letzten Katechese vor vierzehn Tagen hatte ich von Petrus als dem Ersten der Apostel gesprochen; heute wollen wir noch einmal auf diese große und wichtige Gestalt der Kirche zurückkommen. Der Evangelist Johannes berichtet von der ersten Begegnung Jesu mit Simon, dem Bruder des Andreas, und erwähnt dabei einen einzigartigen Vorfall: »Jesus blickte ihn an und sagte: Du bist Simon, der Sohn des Johannes, du sollst Kephas heißen. Kephas bedeutet: Fels (Petrus)« (Joh 1,42). Gewöhnlich änderte Jesus die Namen seiner Jünger nicht. Sieht man von dem Beinamen »Donnersöhne« ab, den er in einer ganz bestimmten Situation auf die Söhne des Zebedäus anwandte (vgl. Mk 3,17) und der später nicht mehr gebraucht wurde, so hat er nie einem Jünger einen neuen Namen gegeben. Bei Simon hingegen hat er das getan, als er ihn »Kephas« nannte. Dieser Name wurde dann im Griechischen zu »Petros«, im Lateinischen zu »Petrus«. Und er wurde eben deshalb übersetzt, weil es sich nicht bloß um einen Namen handelte; es war

ein »Auftrag«, den Petrus auf diese Weise vom Herrn erhielt. Der neue Name »Petrus« kehrt in den Evangelien dann mehrmals wieder und ersetzt schließlich den ursprünglichen Namen Simon.

Diese Tatsache nimmt besondere Bedeutung an, wenn man bedenkt, dass im Alten Testament die Namensänderung im Allgemeinen der Übertragung einer Sendung vorausging (vgl. Gen 17,5; 32,28ff; usw.). Tatsächlich gibt es zahlreiche Hinweise auf den Willen Christi, Petrus eine besondere Stellung innerhalb des Apostelkollegiums zu geben: In Kafarnaum geht der Meister in das Haus des Petrus, um dort zu übernachten (vgl. Mk 1,29); als sich das Volk am Ufer des Sees Gennesaret um ihn drängt, wählt Jesus von den beiden dort liegenden Booten das Boot des Simon aus (vgl. Lk 5,3); wenn Jesus sich in besonderen Situationen nur von drei Jüngern begleiten lässt, wird Petrus stets als Erster der Gruppe erwähnt: so bei der Auferweckung der Tochter des Jairus (vgl. Mk 5,37; Lk 8,51), bei der Verklärung (vgl. Mk 9,2; Mt 17,1; Lk 9,28) und schließlich während der Agonie im Garten Getsemani (vgl. Mk 14,33; Mt 26,37). Und weiter: An Petrus wenden sich die Steuereintreiber des Tempels, und der Meister zahlt nur für sich und für ihn (vgl. Mt 17,24–27); dem Petrus wäscht Jesus beim Letzten Abendmahl als Erstem die Füße (vgl. Joh 13,6), und nur für ihn betet er, damit sein Glaube nicht erlischt und er dann die anderen Jünger im Glauben stärken kann (vgl. Lk 22,30–31).

Petrus selbst ist sich dieser besonderen Stellung auch bewusst: Er ist es, der oft auch im Namen der anderen spricht und um die Erklärung eines schwierigen Gleichnisses bittet (vgl. Mt 15,15) oder nach dem genauen Sinn eines Gebotes fragt (Mt 18,21) oder die förmliche Zusage einer Belohnung erbittet (vgl. Mt 19,27). Insbesondere ist er es, der gewissen Situationen ihre Verlegenheit nimmt, indem er im Namen aller eingreift. Als Jesus beispielsweise wegen des Unverständnisses der Menge nach seiner Rede über das »Brot des Lebens« betrübt ist und fragt: »Wollt auch ihr weggehen?«, antwortet Petrus mit Entschiedenheit: »Herr, zu wem sollen wir gehen? Du hast Worte des ewigen Lebens« (vgl. Joh 6,67–69). Ebenso deutlich ist das Glaubensbekenntnis, das er, wieder im Namen der Zwölf, bei Cäsarea Philippi ablegt. Auf die Frage Jesu: »Für wen haltet ihr mich?«, antwortet Petrus: »Du bist der Messias, der Sohn des lebendigen Gottes!« (Mt 16,15–16). Als Erwiderung spricht Jesus daraufhin die feierliche Erklärung aus, die ein für allemal die Rolle des Petrus in der Kirche festlegt: »Ich aber sage dir: Du bist Petrus, und auf diesen Felsen werde ich meine Kirche bauen ... Ich werde dir die Schlüssel des Himmelreichs geben; was du auf Erden binden wirst, das wird auch im Himmel gebunden sein, und was du auf Erden lösen wirst, das wird auch im Himmel gelöst sein« (Mt 16,18–19). Die drei Metaphern, auf die Jesus zurückgreift, sind in sich sehr deutlich: Petrus wird der »Felsen-grund« sein, auf dem das Gebäude der Kirche ste-hen wird; er wird die »Schlüssel« des Himmel-reichs besitzen, um es für Menschen zu öffnen oder zu verschließen, so wie er es bei jedem für richtig hält; schließlich wird er »binden« und »lö-sen« können, in dem Sinne, dass er festlegen oder verbieten kann, was er für das Leben der Kirche, die die Kirche Christi ist und bleibt, als notwendig erachtet. Die Kirche ist immer die Kirche Christi und nicht die des Petrus. So wird in sehr anschau-lichen Bildern das beschrieben, was in der späte-ren theologischen Reflexion mit dem Begriff »Ju-risdiktionsprimat« bezeichnet werden wird.

Diese Vorrangstellung, die Jesus dem Petrus zuerkannt hat, begegnet uns auch nach der Auf-erstehung: Jesus beauftragt die Frauen, die Auf-erstehung dem Petrus gesondert von den anderen Aposteln zu verkündigen (vgl. Mk 16,7); zu ihm und zu Johannes läuft Maria von Magdala, um die-sen mitzuteilen, dass der Stein vom Eingang des Grabes weggenommen ist (vgl. Joh 20,2), und Jo-hannes wird ihm den Vortritt lassen, als die beiden vor dem leeren Grab angekommen sind (vgl. Joh 20,4–6); Petrus wird dann unter den Aposteln der erste Zeuge einer Erscheinung des Auferstande-nen sein (vgl. Lk 24,34; 1 Kor 15,5). Seine Rolle, die deutlich unterstrichen wird (vgl. Joh 20,3–10), be-tont die Kontinuität zwischen der Vorrangstellung, die Petrus in der Gruppe der Apostel hatte, und

der Vorrangstellung, die er, wie die Apostelgeschichte bezeugt, in der Gemeinde haben wird, die
mit dem Ostergeschehen entstanden ist (vgl. Apg
1,15–26; 2,14–40; 3,12–26; 4,8–12; 5,1–11.29;
8,14–17; 10; usw.). Sein Verhalten wird als so ent-
scheidend angesehen, dass es aufmerksam beob-
achtet wird und auch Kritik unterworfen ist (vgl.
Apg 11,1–18; Gal 2,11–14). Beim sogenannten Konzil von Jerusalem kommt Petrus eine Leitungs-
funktion zu (vgl. Apg 15 und Gal 2,1–10), und eben
weil er Zeuge des wahren Glaubens ist, wird auch
Paulus in ihm in gewisser Weise den »Ersten« erkennen (vgl. 1 Kor 15,5; Gal 1,18; 2,7f; usw.). Verschiedene auf Petrus bezogene Schlüsseltexte können auf den Kontext des Letzten Abendmahls
zurückgeführt werden, in dem Christus dem Petrus den Auftrag gibt, seine Brüder zu stärken (vgl.
Lk 22,31f). Das zeigt, dass die Kirche, die aus dem
österlichen Gedächtnis entsteht, das in der Eucharistie gefeiert wird, in dem Petrus anvertrauten
Amt eines ihrer grundlegenden Elemente besitzt.

Dieses Hineinstellen des Primats des Petrus in
den Kontext des Letzten Abendmahls, in den Augenblick der Einsetzung der Eucharistie, des Pascha des Herrn, weist auch auf den letztendlichen
Sinn dieses Primats hin: Petrus muss für alle Zeiten der Hüter der Gemeinschaft mit Christus sein;
er muss zur Gemeinschaft mit Christus hinführen; er muss dafür Sorge tragen, dass das Netz
nicht reißt und so die universale Gemeinschaft

fortdauern kann. Nur gemeinsam können wir mit Christus sein, der der Herr aller Menschen ist. Bei Petrus liegt also die Verantwortung, mit der Liebe Christi die Gemeinschaft mit Christus zu gewährleisten, indem er zur Umsetzung dieser Liebe im täglichen Leben hinführt. Beten wir darum, dass der Primat des Petrus, der einfachen Menschen anvertraut worden ist, immer in diesem ursprünglichen, vom Herrn gewollten Sinn ausgeübt werden kann und so von den Brüdern, die noch nicht in voller Gemeinschaft mit uns stehen, immer mehr in seiner wahren Bedeutung erkannt werden kann.

(7. Juni 2006)

Andreas, der Erstberufene

Liebe Brüder und Schwestern!
In den letzten beiden Katechesen haben wir von der Gestalt des hl. Petrus gesprochen. Jetzt wollen wir, soweit es die Quellen erlauben, auch die anderen elf Apostel ein wenig näher kennenlernen. Daher sprechen wir heute vom Bruder des Simon Petrus, dem hl. Andreas, der ebenfalls einer der Zwölf ist. Die erste Eigenschaft, die bei Andreas auffällt, ist der Name: Es ist kein hebräischer Name, wie man es eigentlich erwarten würde, sondern ein grie-chischer; das ist ein nicht unbedeutendes Zeichen einer gewissen kulturellen Aufgeschlossenheit sei-ner Familie. Wir befinden uns in Galiläa, wo die griechische Sprache und Kultur ziemlich stark ver-treten sind. In den Aufzählungen der Apostel steht Andreas an zweiter Stelle – bei Matthäus (10,1–4) und Lukas (6,13–16) – beziehungsweise an vierter Stelle – bei Markus (3,13–19) und in der Apostel-geschichte (1,13–14). Auf jeden Fall besaß er inner-halb der ersten christlichen Gemeinden sicherlich großes Ansehen.

Die Blutsbande zwischen Petrus und Andreas sowie ihre gemeinsame Berufung durch Jesus ge-hen aus den Evangelien deutlich hervor. Dort ist

zu lesen: »Als Jesus am See von Galiläa entlang-
ging, sah er zwei Brüder, Simon, genannt Petrus,
und seinen Bruder Andreas; sie warfen gerade ihr
Netz in den See, denn sie waren Fischer. Da sagte
er zu ihnen: Kommt her, folgt mir nach! Ich werde
euch zu Menschenfischern machen« (Mt 4,18–19;
vgl. Mk 1,16–17). Dem Vierten Evangelium entnehmen wir ein weiteres wichtiges Detail: Zuerst
war Andreas ein Jünger Johannes des Täufers gewesen; das zeigt uns, dass er ein Suchender war,
ein Mann, der die Hoffnung Israels teilte und der
das Wort des Herrn, die Wirklichkeit des gegenwärtigen Herrn näher kennenlernen wollte. Er
war wirklich ein Mann des Glaubens und der
Hoffnung; und eines Tages hörte er, dass Johannes
der Täufer Jesus als »das Lamm Gottes« bezeichnete (Joh 1,36); da beeilte er sich und folgte zusammen mit einem anderen Jünger, dessen Name
nicht erwähnt wird, Jesus, demjenigen, den Johannes »Lamm Gottes« nannte. Der Evangelist berichtet: Sie »sahen, wo er wohnte, und blieben jenen Tag bei ihm« (Joh 1,37–39). Andreas erlebte
also kostbare Augenblicke enger Vertrautheit mit
Jesus. Die Erzählung geht weiter mit einer bedeutsamen Anmerkung: »Andreas, der Bruder des Simon Petrus, war einer der beiden, die das Wort
des Johannes gehört hatten und Jesus gefolgt waren. Dieser traf zuerst seinen Bruder Simon und
sagte zu ihm: Wir haben den Messias gefunden.
Messias heißt übersetzt: der Gesalbte (Christus).

Er führte ihn zu Jesus« (Joh 1,40–42) und bewies damit sofort einen außergewöhnlichen apostolischen Geist. Andreas war also der erste der Apostel, der berufen wurde, Jesus nachzufolgen. Aus diesem Grund ehrt ihn die Liturgie der byzantinischen Kirche mit dem Beinamen Protóklitos, was eben »der Erstberufene« bedeutet. Und sicher ist, dass sich auch wegen der brüderlichen Beziehung zwischen Petrus und Andreas die Kirche von Rom und die Kirche von Konstantinopel in besonderer Weise untereinander als Schwesterkirchen fühlen. Um diese Beziehung hervorzuheben, hat mein Vorgänger Papst Paul VI. im Jahre 1964 die berühmte Reliquie des hl. Andreas, die bis dahin in der Vatikanischen Basilika aufbewahrt worden war, dem orthodoxen Metropoliten der Stadt Patras in Griechenland zurückgegeben, wo der Überlieferung nach der Apostel gekreuzigt wurde.

Darüber hinaus erwähnen die Überlieferungen der Evangelien den Namen des Andreas besonders im Zusammenhang mit drei weiteren Ereignissen, durch die wir diesen Mann noch ein wenig besser kennenlernen können. Das erste ist die Brotvermehrung in Galiläa. In jener schwierigen Lage war es Andreas, der Jesus auf die Anwesenheit eines kleinen Jungen aufmerksam machte, der fünf Gerstenbrote und zwei Fische bei sich hatte: viel zu wenig – so stellte er heraus – für all die Menschen, die an jenem Ort zusammengekommen waren (vgl. Joh 6,8–9). Der Realismus des Andreas verdient dabei hervorgehoben zu werden: Er sah den kleinen Jungen – er hatte sich also schon gesagt: »Doch was ist das für so viele!« (ebd.) – und merkte, dass dessen geringe Vorräte nicht ausreichten. Jesus jedoch vermochte es zu bewirken, dass sie ausreichten für die Menschenmenge, die gekommen war, um ihm zuzuhören. Das zweite Ereignis geschah in Jerusalem. Als sie aus der Stadt herausgingen, machte einer der Jünger Jesus auf den Anblick der gewaltigen Mauern aufmerksam, die den Tempel trugen. Die Antwort des Meisters war überraschend: Er sagte, dass von jenen Mauern kein Stein auf dem andern bleiben würde. Da befragte ihn Andreas, zusammen mit Petrus, Jakobus und Johannes: »Sag uns, wann wird das geschehen, und an welchem Zeichen wird man erkennen, dass das Ende von all dem bevorsteht?« (Mk 13,1–4). Als Antwort auf diese Frage hielt Jesus eine wichtige Rede über die Zerstörung Jerusalems und über das Ende der Welt und forderte seine Jünger auf, die Zeichen der Zeit aufmerksam zu lesen und immer wachsam zu bleiben. Aus dieser Begebenheit können wir schließen, dass wir keine Angst zu haben brauchen, Jesus Fragen zu stellen, dass wir jedoch gleichzeitig bereit sein müssen, die Lehren, die er uns erteilt, anzunehmen, auch die überraschenden und schwierigen.

In den Evangelien wird schließlich noch von einer dritten Initiative des Andreas berichtet. Der

Schauplatz ist wiederum Jerusalem, kurz vor der Passion. Zum Paschafest waren – so berichtet Johannes – auch einige Griechen, wahrscheinlich Proselyten oder Gottesfürchtige, in die Heilige Stadt gekommen, um am Paschafest den Gott Israels anzubeten. Andreas und Philippus, die beiden Apostel mit griechischen Namen, fungieren als Dolmetscher und Vermittler dieser kleinen Gruppe von Griechen bei Jesus. Die Antwort des Herrn auf ihre Frage erscheint – wie so oft im Johannesevangelium – rätselhaft, aber gerade so erweist sich ihr Bedeutungsreichtum. Jesus sagt den beiden Jüngern und durch sie der griechischen Welt: »Die Stunde ist gekommen, dass der Menschensohn verherrlicht wird. Amen, amen, ich sage euch: Wenn das Weizenkorn nicht in die Erde fällt und stirbt, bleibt es allein; wenn es aber stirbt, bringt es reiche Frucht« (Joh 12,23–24). Was bedeuten diese Worte in diesem Zusammenhang? Jesus will sagen: Ja, die Begegnung zwischen mir und den Griechen wird stattfinden, aber nicht als einfaches kurzes Gespräch zwischen mir und einigen Menschen, die vor allem von der Neugier getrieben sind. Mit meinem Tod, der mit dem Fallen eines Weizenkorns in die Erde vergleichbar ist, wird die Stunde meiner Verherrlichung kommen. Von meinem Tod am Kreuz wird große Fruchtbarkeit ausgehen: Das »tote Weizenkorn« – Symbol für mich als den Gekreuzigten – wird in der Auferstehung zum Brot des Lebens für die Welt werden; es wird Licht für die

Völker und Kulturen sein. Ja, die Begegnung mit der griechischen Seele, mit der griechischen Welt wird in jener Tiefe verwirklicht werden, auf die die Geschichte vom Weizenkorn anspielt, das die Kräfte der Erde und des Himmels anzieht und zu Brot wird. Mit anderen Worten, Jesus prophezeit die Kirche der Griechen, die Kirche der Heiden, die Kirche der Welt als Frucht seines Pascha.

Sehr alte Überlieferungen sehen in Andreas, der den Griechen dieses Wort übermittelt hat, nicht nur den Dolmetscher einiger Griechen bei der eben erwähnten Begegnung mit Jesus, sondern sie betrachten ihn als Apostel der Griechen in den Jahren, die auf die Pfingstereignisse folgten; sie lassen uns wissen, dass er für den Rest seines Lebens Verkünder und Sprachrohr Jesu für die griechische Welt war. Petrus, sein Bruder, gelangte von Jerusalem über Antiochia nach Rom, um hier seine universale Sendung auszuüben; Andreas hingegen war der Apostel der griechischen Welt: So erscheinen sie im Leben und im Tod als wirkliche Brüder – und das kommt symbolisch zum Ausdruck in der besonderen Beziehung der Bischofssitze von Rom und Konstantinopel, die wirklich Schwesterkirchen sind. Eine spätere Überlieferung berichtet, wie schon angedeutet, vom Tod des Andreas in Patras, wo auch er durch die Kreuzigung hingerichtet wurde. In jener großen Stunde jedoch bat er, ebenso wie es sein Bruder Petrus tat, darum, an ein Kreuz gehängt zu werden, das sich vom Kreuz Jesu unterschied. In seinem Fall handelte es sich um ein x-förmiges Kreuz, das heißt ein Kreuz mit zwei diagonal verlaufenden Balken, das deshalb auch »Andreaskreuz« genannt wird. Einem antiken Bericht vom Anfang des 6. Jahrhunderts zufolge, der den Titel *Passion des Andreas* trägt, soll der Apostel damals gesagt haben: »Gegrüßet seist du, o Kreuz, das du durch den Leib Christi geweiht und von seinen Gliedern wie mit kostbaren Perlen geschmückt wurdest. Bevor der Herr dich bestieg, hattest du irdische Angst eingeflößt. Jetzt hingegen bist du mit himmlischer Liebe ausgestattet und wirst deshalb wie eine Gabe empfangen. Die Gläubigen wissen von dir, welch große Freude du besitzt, wie viele Geschenke du bereithältst. Nun komme ich sicher und voller Freude zu dir, damit du auch mich unter Jubel als Jünger dessen empfängst, der an dich gehängt wurde ... O seliges Kreuz, das du die Majestät und Schönheit der Glieder des Herrn empfingst! ... Nimm mich, führe mich weit weg von den Menschen und gib mich meinem Meister zurück – auf dass mich durch dich derjenige empfange, der mich durch dich erlöst hat. Gegrüßet seist du, o Kreuz; ja, sei wahrhaft gegrüßt!«

Wie man sieht, tritt hier eine sehr tiefe christliche Spiritualität zutage, die im Kreuz nicht so sehr ein Folterwerkzeug sieht als vielmehr das herausragende Mittel für eine vollkommene Angleichung an den Erlöser, an das in die Erde gefallene

Weizenkorn. Wir müssen daraus eine sehr wichtige Lehre ziehen: Unsere Kreuze erhalten einen Wert, wenn sie als Teil des Kreuzes Christi betrachtet und angenommen werden, wenn der Abglanz seines Lichtes sie erreicht. Nur von jenem Kreuz werden auch unsere Leiden geadelt und erhalten sie ihren wahren Sinn.

Der Apostel Andreas möge uns also lehren, Jesus bereitwillig nachzufolgen (vgl. Mt 4,20; Mk 1,18), allen Menschen, denen wir begegnen, mit Begeisterung von ihm zu erzählen und vor allem eine Beziehung echter Vertrautheit mit ihm zu pflegen, im Bewusstsein, dass wir nur in ihm den letzten Sinn unseres Lebens und unseres Todes finden können.

(14. Juni 2006)

Jakobus der Ältere

Liebe Brüder und Schwestern!
Wir wollen mit der Reihe der Porträts der Apostel
fortfahren, die Jesus, als er auf Erden lebte, direkt
erwählt hat. Wir haben bereits vom hl. Petrus und
seinem Bruder Andreas gesprochen. Heute begegnen wir der Gestalt des Jakobus. Die biblischen
Aufzählungen der Zwölf erwähnen zwei Personen
dieses Namens: Jakobus, den Sohn des Zebedäus,
und Jakobus, den Sohn des Alphäus (vgl. Mk
3,17–18; Mt 10,2–3), die gewöhnlich durch ihre
Beinamen als Jakobus der Ältere und Jakobus der
Jüngere unterschieden werden. Diese Bezeichnungen wollen gewiss nicht Ausdruck für das
Maß ihrer Heiligkeit sein, sondern nur der unterschiedlichen Bedeutung Rechnung tragen, die sie
in den Schriften des Neuen Testaments und besonders im Rahmen des irdischen Lebens Jesu erhalten. Heute widmen wir unsere Aufmerksamkeit der ersten dieser beiden gleichnamigen
Persönlichkeiten.
   Der Name Jakobus ist die Übersetzung von Iá-
kobos, der gräzisierten Form des Namens des berühmten Erzvaters Jakob. Der Apostel dieses Namens ist der Bruder des Johannes und nimmt in

den oben genannten Aufzählungen bei Markus (3,17) den zweiten Platz gleich nach Petrus ein oder – im Matthäus- (10,2) und im Lukasevangelium (6,14) – den dritten Platz nach Petrus und Andreas, während er in der Apostelgeschichte nach Petrus und Johannes genannt wird (1,13). Dieser Jakobus gehört zusammen mit Petrus und Johannes zur Gruppe jener drei bevorzugten Jünger, die Jesus an bedeutenden Augenblicken seines Lebens teilnehmen ließ.

Da es sehr heiß ist, möchte ich mich kurz fassen und hier nur zwei dieser Begebenheiten erwähnen. Er durfte, zusammen mit Petrus und Johannes, an der Stunde der Agonie Jesu im Garten Getsemani und am Ereignis der Verklärung Jesu teilhaben. Es handelt sich also um Situationen, die sehr verschieden voneinander sind: Im einen Fall erlebt Jakobus zusammen mit den beiden anderen Aposteln die Herrlichkeit des Herrn, er sieht ihn mit Mose und Elija sprechen, er sieht in Jesus den Glanz der göttlichen Herrlichkeit aufleuchten; im anderen Fall steht er vor dem Leiden und der Erniedrigung, er sieht mit eigenen Augen, wie sich der Sohn Gottes erniedrigt und gehorsam ist bis zum Tod. Die zweite Erfahrung war für ihn sicherlich eine Gelegenheit, um im Glauben zu reifen und die einseitige, triumphalistische Interpretation der ersten Erfahrung zu korrigieren: Er musste erkennen, dass der vom jüdischen Volk als Triumphator erwartete Messias in Wirklichkeit nicht nur von Ehre und Herrlichkeit umgeben war, sondern auch von Leid und Schwäche. Die Herrlichkeit Christi verwirklicht sich gerade am Kreuz, in der Teilhabe an unseren Leiden.

Dieses Heranreifen des Glaubens wurde vom Heiligen Geist an Pfingsten vollendet, sodass Jakobus, als für ihn die Stunde des höchsten Zeugnisses gekommen war, sich ihm nicht entzog. Am Anfang der vierziger Jahre des ersten Jahrhunderts ließ König Herodes Agrippa, ein Enkel Herodes des Großen, nach dem Bericht des Lukas »einige aus der Gemeinde verhaften und misshandeln. Jakobus, den Bruder des Johannes, ließ er mit dem Schwert hinrichten« (Apg 12,1–2). Diese knappe Notiz ohne jedes erzählerische Detail zeigt einerseits, wie normal es für die Christen gewesen sein muss, mit ihrem Leben für den Herrn Zeugnis abzulegen, und andererseits, welch herausragende Stellung Jakobus in der Kirche von Jerusalem einnahm, auch wegen der Rolle, die er während des irdischen Daseins Jesu innehatte. Eine spätere Überlieferung, die mindestens bis zu Isidor von Sevilla zurückreicht, berichtet, dass sich Jakobus in Spanien aufgehalten habe, um in jener wichtigen Region des Römischen Reiches das Evangelium zu verkünden. Einer anderen Überlieferung zufolge soll sein Leichnam hingegen nach Spanien gebracht worden sein, in die Stadt Santiago de Compostela. Wie wir alle wissen, ist dieser Ort zu einer Stätte großer Verehrung geworden und nach wie vor Ziel zahlreicher Wallfahrten nicht nur aus Europa, sondern aus der ganzen Welt. Daraus erklärt sich die ikonographische Darstellung des hl. Jakobus mit dem Pilgerstab und der Buchrolle des Evangeliums in der Hand – den Kennzeichen des Wanderapostels, der sich der Verkündigung der »Frohen Botschaft« widmet, den Kennzeichen der Pilgerschaft des christlichen Lebens.

Vom hl. Jakobus können wir also vieles lernen: die Bereitschaft, den Ruf des Herrn anzunehmen, auch wenn er uns auffordert, das »Boot« unserer menschlichen Sicherheiten zu verlassen; die Begeisterung, ihm auf den Wegen zu folgen, die er uns zeigt, jenseits all unserer illusorischen Anmaßung; die Bereitschaft, mutig für ihn Zeugnis abzulegen, wenn es sein muss, bis zum höchsten Opfer des Lebens. So steht Jakobus der Ältere vor uns als beredtes Vorbild großherziger Treue zu Christus. Er, der anfangs durch seine Mutter die Bitte ausgesprochen hatte, zusammen mit seinem Bruder neben dem Meister in dessen Reich zu sitzen, war der Erste, der den Kelch des Leidens trank, das Martyrium mit den Aposteln teilte.

Und zum Schluss können wir zusammenfassend sagen, dass nicht nur der äußere, sondern vor allem der innere Weg, vom Berg der Verklärung zum Berg der Agonie, die ganze Pilgerschaft des christlichen Lebens symbolisiert, eine Pilgerschaft zwischen den Verfolgungen der Welt und den Tröstungen Gottes, wie das Zweite Vatikanische Konzil sagt. Wenn wir wie der hl. Jakobus Jesus nachfolgen, wissen wir auch in schwierigen Situationen, dass wir auf dem rechten Weg sind.

(21. Juni 2006)

Jakobus der Jüngere

Liebe Brüder und Schwestern!
Neben der Gestalt Jakobus' »des Älteren«, Sohn
des Zebedäus, von dem wir am vergangenen Mittwoch gesprochen haben, kommt in den Evangelien noch ein weiterer Jakobus vor, der »der Jüngere« genannt wird. Auch er scheint in den Listen
der von Jesus persönlich erwählten zwölf Apostel
auf und wird immer als »der Sohn des Alphäus«
bezeichnet (vgl. Mt 10,3; Mk 3,18; Lk 6,15; Apg
1,13). Er wurde oft mit einem anderen Jakobus
identifiziert, der »der Kleine« genannt wird (vgl.
Mk 15,40) und Sohn einer Maria war (vgl. ebd.),
die »Maria, Frau des Klopas« sein könnte. Sie
stand laut dem Vierten Evangelium zusammen
mit der Mutter Jesu unter dem Kreuz (vgl. Joh
19,25). Auch Jakobus stammte aus Nazaret und
war wahrscheinlich ein Verwandter Jesu (vgl. Mt
13,55; Mk 6,3); deshalb wird er nach semitischem
Brauch als dessen »Bruder« bezeichnet (vgl. Mk
6,3; Gal 1,19). Die Apostelgeschichte hebt die
herausragende Rolle dieses letztgenannten Jakobus in der Kirche von Jerusalem hervor. Beim
Apostelkonzil, das dort nach dem Tod Jakobus' des
Älteren abgehalten wurde, trat er zusammen mit

den anderen dafür ein, dass die Heiden in die Kirche aufgenommen werden konnten, ohne sich vorher der Beschneidung zu unterziehen (vgl. Apg 15,13ff.). Der hl. Paulus, der ihm eine besondere Erscheinung des Auferstandenen zuschreibt (vgl. 1 Kor 15,7), nennt ihn, als er von seinem eigenen Gang nach Jerusalem berichtet, sogar *vor* Kephas-Petrus und bezeichnet ihn wie diesen als »Säule« der Kirche (vgl. Gal 2,9). In der Folge sahen die Judenchristen in ihm ihren Hauptbezugspunkt. Ihm wird auch der Brief zugeschrieben, der als Jakobusbrief zum Kanon der neutestamentlichen Schriften gehört. Darin bezeichnet er sich nicht als »Herrenbruder«, sondern als »Knecht Gottes und Jesu Christi, des Herrn« (Jak 1,1).

Unter den Gelehrten wird die Frage der Gleichsetzung dieser beiden Persönlichkeiten mit demselben Namen, Jakobus, Sohn des Alphäus, und Jakobus, der »Herrenbruder«, diskutiert. Die Überlieferungen der Evangelien haben uns weder über den einen noch über den anderen irgendeinen Bericht hinterlassen, der auf die Zeit des irdischen Lebens Jesu Bezug nähme. Die Apostelgeschichte hingegen zeigt uns, dass ein »Jakobus«, wie wir schon erwähnt haben, nach der Auferstehung Jesu eine sehr wichtige Rolle in der Urkirche gespielt hat (vgl. Apg 12,17; 15,13–21; 21,18). Die bedeutendste Tat, die er vollbrachte, war seine Stellungnahme in der Frage der schwierigen Beziehung zwischen den Christen jüdischer Herkunft und je-

nen heidnischer Herkunft: Er hat zusammen mit
Petrus dazu beigetragen, die ursprüngliche jüdische Dimension des Christentums zu überwin-
den – oder, besser gesagt, zu ergänzen – durch die
Forderung, den bekehrten Heiden nicht die Ver-
pflichtung aufzuerlegen, sich sämtlichen Vorschriften des mosaischen Gesetzes zu unterwer-
fen. Die Apostelgeschichte hat uns die von
Jakobus vorgeschlagene und von den anderen an-
wesenden Aposteln angenommene Kompromiss-
lösung überliefert, wonach die Heiden, die an Jesus Christus glauben, nur angewiesen werden
sollen, sich des götzendienerischen Brauchs, das
Fleisch der den Göttern zum Opfer dargebrachten
Tiere zu essen, und der »Unzucht« zu enthalten,
ein Begriff, der wahrscheinlich auf bestimmte
nicht gestattete eheliche Verbindungen anspielte.
Es handelte sich praktisch nur um die Einhaltung
weniger Verbote der mosaischen Gesetzgebung,
die als sehr wichtig angesehen wurden.

Auf diese Weise gelangte man zu zwei bedeutsamen, einander ergänzenden Ergebnissen, die
beide bis heute gültig sind: Auf der einen Seite
wurde die unlösbare Beziehung anerkannt, die das
Christentum an die jüdische Religion als seinen
ewig lebendigen und gültigen Ursprung bindet;
auf der anderen Seite wurde den Christen heidnischer Herkunft erlaubt, ihre eigene soziologi-
sche Identität beizubehalten, die sie verloren hätten, wenn sie zur Einhaltung der sogenannten

mosaischen »Zeremonialvorschriften« gezwungen gewesen wären: Diese sollten nun für die bekehrten Heiden nicht mehr als verpflichtend gelten. Im Wesentlichen begann damit eine Praxis gegenseitiger Wertschätzung und Achtung, die trotz bedauerlicher späterer Missverständnisse ihrem Wesen nach darauf abzielte, das zu bewahren, was für jede der beiden Seiten charakteristisch war.

Die älteste Nachricht über den Tod dieses Jakobus liefert uns der jüdische Historiker Josephus Flavius. In seinem Werk *Antiquitates Iudaicae* (Jüdische Altertümer, 20,201f), das er Ende des ersten Jahrhunderts in Rom verfasste, berichtet er uns, dass der Tod des Jakobus beschlossen worden sei durch eine unrechtmäßige Initiative des Hohenpriesters Anan, Sohn des in den Evangelien bezeugten Hannas. Anan habe die Zeitspanne zwischen der Absetzung eines römischen Statthalters (Festus) und der Ankunft von dessen Nachfolger (Albinus) ausgenutzt, um im Jahr 62 die Steinigung des Jakobus durch Dekret zu verfügen.

Mit dem Namen dieses Jakobus ist neben dem apokryphen Protoevangelium des Jakobus, das die Heiligkeit und Jungfräulichkeit Mariens, der Mutter Jesu, hervorhebt, vor allem der Brief verbunden, der seinen Namen trägt. Im Kanon der Schriften des Neuen Testaments nimmt er unter den sogenannten Katholischen Briefen, also den Briefen, die nicht nur an eine einzelne Gemeinde – wie Rom, Ephesus usw. –, sondern an viele Gemeinden gerichtet sind, den ersten Platz ein. Es handelt sich um ein sehr bedeutendes Schreiben, das die Notwendigkeit stark betont, den eigenen Glauben nicht auf ein rein verbales oder abstraktes Bekenntnis zu reduzieren, sondern ihn konkret in guten Werken auszudrücken. Unter anderem fordert er uns zur Beständigkeit in den Prüfungen auf, die mit Freude angenommen werden sollen, und zum vertrauensvollen Gebet, um von Gott die Gabe der Weisheit zu erlangen, durch die wir schließlich begreifen, dass die wahren Werte des Lebens nicht in den vergänglichen Reichtümern, sondern vielmehr in der Fähigkeit liegen, seinen Besitz mit den Armen und Bedürftigen zu teilen (vgl. Jak 1,27).

So zeigt uns der Brief des hl. Jakobus ein sehr konkretes und praxisbezogenes Christentum. Der Glaube muss im Leben verwirklicht werden, vor allem in der Liebe zum Nächsten und besonders im Einsatz für die Armen. Vor diesem Hintergrund muss auch das berühmte Wort gelesen werden: »Denn wie der Körper ohne den Geist tot ist, so ist auch der Glaube tot ohne Werke« (Jak 2,26). Diese Erklärung des Jakobus wurde bisweilen den Aussagen des Paulus entgegengestellt, wonach wir von Gott nicht durch unsere Werke, sondern allein durch unseren Glauben gerechtfertigt werden (vgl. Gal 2,16; Röm 3,28). Doch diese beiden Sätze, die sich aufgrund ihrer unterschiedlichen Sichtweise zu widersprechen scheinen, ergänzen einander in

Wirklichkeit, wenn sie richtig ausgelegt werden. Der hl. Paulus widersetzt sich dem Hochmut des Menschen, der meint, er bedürfe der uns zuvorkommenden Liebe Gottes nicht; er widersetzt sich dem Hochmut der Selbstrechtfertigung ohne die Gnade, die ein reines Geschenk und unverdient ist. Der hl. Jakobus hingegen spricht von den Werken als einer ganz normalen Frucht des Glaubens: »Jeder gute Baum bringt gute Früchte«, sagt der Herr (Mt 7,17).

Und der hl. Jakobus wiederholt und sagt es uns. Zuletzt ermahnt uns der Jakobusbrief, uns in allem, was wir tun, den Händen Gottes zu überlassen und dabei immer die Worte zu sprechen: »wenn der Herr will« (Jak 4,15). So lehrt er uns, uns nicht anzumaßen, unser Leben unabhängig und nur auf unsere eigenen Interessen ausgerichtet zu planen, sondern dem unerforschlichen Willen Gottes Raum zu geben, der das wahrhaft Gute für uns kennt. Auf diese Weise bleibt der hl. Jakobus ein stets zeitgemäßer Lehrmeister des Lebens für jeden von uns.

(28. Juni 2006)

Johannes, der Sohn des Zebedäus

Liebe Brüder und Schwestern!
In der heutigen Begegnung wollen wir uns einem weiteren sehr wichtigen Mitglied des Apostelkollegiums widmen: Johannes, dem Sohn des Zebedäus und Bruder des Jakobus. Sein unverkennbar hebräischer Name bedeutet: »der Herr hat Gnade geschenkt«. Er richtete gerade die Netze her, am Ufer des Sees von Tiberias, als Jesus ihn zusammen mit seinem Bruder rief (vgl. Mt 4,21; Mk 1,19). Johannes gehört stets zur engeren Gruppe, die Jesus bei bestimmten Gelegenheiten mit sich nimmt. Er ist mit Petrus und Jakobus zusammen, als Jesus in Kafarnaum in das Haus des Petrus geht, um dessen Schwiegermutter zu heilen (vgl. Mk 1,29); mit den beiden anderen folgt er dem Meister in das Haus des Synagogenvorstehers Jairus, dessen Tochter ins Leben zurückgerufen werden wird (vgl. Mk 5,37); er folgt Jesus, als dieser auf den Berg steigt, um verklärt zu werden (vgl. Mk 9,2); er ist auf dem Ölberg an der Seite Jesu, als dieser angesichts der Großartigkeit des Tempels von Jerusalem die Rede über das Ende der Stadt und der Welt hält (vgl. Mk 13,3); und schließlich ist er ihm nahe, als sich Jesus im Garten Get-

semani zurückzieht, um vor seinem Leiden zum Vater zu beten (vgl. Mk 14,33). Kurz vor dem Paschafest, als Jesus zwei Jünger auswählt, um sie zur Vorbereitung des Saales für das Abendmahl vorauszuschicken, vertraut er diese Aufgabe Johannes und Petrus an (vgl. Lk 22,8).

Diese herausragende Stellung des Johannes innerhalb des Zwölferkreises macht in gewisser Weise die Initiative verständlich, die seine Mutter eines Tages ergriff: Sie kam zu Jesus, um ihn zu bitten, dass ihre beiden Söhne, Johannes und Jakobus, in seinem Reich rechts und links neben ihm sitzen dürfen (vgl. Mt 20,20–21). Wie wir wissen, antwortete Jesus mit einer Gegenfrage: Er fragte, ob sie bereit wären, den Kelch zu trinken, den er selbst trinken werde (vgl. Mt 20,22). Mit jenen Worten verfolgte er die Absicht, den beiden Jüngern die Augen zu öffnen, sie in die Erkenntnis des Geheimnisses seiner Person einzuführen und ihnen ihre zukünftige Berufung anzudeuten, seine Zeugen zu sein bis zur höchsten Hingabe ihres Blutes. Kurz darauf präzisierte nämlich Jesus, dass er nicht gekommen sei, um sich dienen zu lassen, sondern um zu dienen und sein Leben hinzugeben als Lösegeld für viele (vgl. Mt 20,28). In den Tagen, die auf die Auferstehung folgten, begegnen wir den »Söhnen des Zebedäus« wieder; sie haben zusammen mit Petrus und einigen anderen Jüngern eine Nacht lang ohne jeden Erfolg gearbeitet, und auf diese Nacht folgt durch das Eingreifen des

Auferstandenen der wunderbare Fischfang: »Der Jünger, den Jesus liebte«, wird es sein, der »den Herrn« als Erster erkennt und Petrus auf ihn hinweist (vgl. Joh 21,1–13).

In der Kirche von Jerusalem nahm Johannes einen wichtigen Platz in der Leitung der ersten Gruppe von Christen ein. Paulus zählt ihn zu den »Säulen« jener Gemeinde (vgl. Gal 2,9). Tatsächlich zeigt ihn Lukas in der Apostelgeschichte zusammen mit Petrus, wie sie zum Gebet in den Tempel gehen (vgl. Apg 3,1–4.11) oder wie sie vor dem Hohen Rat erscheinen, um ihren Glauben an Jesus Christus zu bezeugen (vgl. Apg 4,13.19). Zusammen mit Petrus wird er von der Kirche in Jerusalem ausgesandt, um diejenigen zu stärken, die in Samarien das Evangelium angenommen haben, und für sie zu beten, damit sie den Heiligen Geist empfangen (vgl. Apg 8,14–15). Im Besonderen muss daran erinnert werden, was Johannes gemeinsam mit Petrus beim Prozess vor dem Hohen Rat sagt: »Wir können unmöglich schweigen über das, was wir gesehen und gehört haben« (Apg 4,20). Gerade dieser vorbildliche Freimut im Bekenntnis des eigenen Glaubens ist stets eine Mahnung an uns alle, immer bereit zu sein, mit Entschlossenheit unsere unerschütterliche Treue zu Christus zu verkünden, indem wir den Glauben über jede Berechnung und jedes menschliche Interesse stellen.

Der Überlieferung zufolge ist Johannes der »Lieblingsjünger«, der im Vierten Evangelium beim Letzten Abendmahl sein Haupt an die Brust des Meisters lehnt (vgl. Joh 13,25), zusammen mit der Mutter Jesu unter dem Kreuz steht (vgl. Joh 19,26) und schließlich Zeuge sowohl des leeren Grabes als auch der Gegenwart des Auferstandenen ist (vgl. Joh 20,2; 21,7). Wir wissen, dass diese Identifikation heute unter Fachleuten umstritten ist, von denen einige in ihm einfach nur den Prototyp des Jüngers Jesu sehen. Wir wollen es den Exegeten überlassen, diese Frage zu entscheiden, und begnügen uns hier damit, etwas Wichtiges für unser Leben zu lernen: Der Herr will jeden von uns zu einem Jünger machen, der in persönlicher Freundschaft mit ihm lebt. Um das zu verwirklichen, genügt es nicht, ihm äußerlich zu folgen und zuzuhören; man muss auch mit ihm und wie er leben. Das ist nur im Rahmen einer sehr innigen Beziehung möglich, die erfüllt ist von der Wärme vollkommenen Vertrauens. Das ist es, was zwischen Freunden geschieht; deshalb sagte Jesus einmal: »Es gibt keine größere Liebe, als wenn einer sein Leben für seine Freunde hingibt ... Ich nenne euch nicht mehr Knechte; denn der Knecht weiß nicht, was sein Herr tut. Vielmehr habe ich euch Freunde genannt; denn ich habe euch alles mitgeteilt, was ich von meinem Vater gehört habe« (Joh 15,13.15).

In den apokryphen *Johannesakten* erscheint der Apostel weder als Gründer von Gemeinden noch in der Leitung bereits bestehender Gemeinden, sondern als ein auf ständiger Wanderschaft befindlicher Glaubensbote in der Begegnung mit »Seelen, die zur Hoffnung und zum Heil fähig sind« (18,10; 23,8). Alles erhält seinen Antrieb aus der paradoxen Absicht, das Unsichtbare sichtbar zu machen. Und in der Tat wird er von der Ostkirche einfach nur »der Theologe« genannt, also derjenige, der in der Lage ist, in verständlichen Worten über die göttlichen Dinge zu sprechen, und so durch die Verbundenheit mit Jesus einen geheimnisvollen Zugang zu Gott enthüllt.

Die Verehrung des Apostels Johannes hat sich von der Stadt Ephesus aus verbreitet, wo er antiker Überlieferung zufolge lange Zeit gewirkt haben und schließlich in außergewöhnlich hohem Alter unter Kaiser Trajan gestorben sein soll. In Ephesus ließ Kaiser Justinian im 6. Jahrhundert zu seinen Ehren eine große Basilika errichten, von der noch immer eindrucksvolle Ruinen erhalten sind. Gerade im Osten wurde und wird Johannes große Verehrung entgegengebracht. In der byzantinischen Ikonographie wird er oft als sehr alter Mann dargestellt – in der Haltung intensiver Kontemplation, fast so wie jemand, der zum Schweigen auffordert.

Ohne die entsprechende innere Sammlung ist es tatsächlich nicht möglich, sich dem höchsten Geheimnis Gottes und seiner Offenbarung zu nähern. Das erklärt, warum Athenagoras, der Ökumenische Patriarch von Konstantinopel, den Papst

Paul VI. bei einer denkwürdigen Begegnung um-
armte, vor Jahren sagte: »Johannes steht am Anfang unserer tiefsten Spiritualität. Wie er kennen
die ›Stillen‹ jenen geheimnisvollen Austausch der
Herzen, rufen die Gegenwart des Johannes an,
und ihr Herz entflammt« (O. Clément, Dialoghi
con Atenagora, Turin 1972, S. 159). Der Herr möge
uns helfen, in die Schule des Johannes zu gehen,
um die große Lektion der Liebe zu lernen, damit
wir uns von Christus »bis zur Vollendung« geliebt
fühlen (Joh 13,1) und unser Leben für ihn leben.

(5. Juli 2006)

Johannes, der Theologe

Liebe Brüder und Schwestern!
Vor den Ferien habe ich mit kurzen Porträts der
zwölf Apostel begonnen. Die Apostel waren Weg-
gefährten Jesu, Freunde Jesu, und ihr Weg zusammen mit Jesus war nicht nur ein äußerer Weg, von
Galiläa nach Jerusalem, sondern ein innerer Weg,
auf dem sie den Glauben an Jesus Christus lern-
ten, nicht ohne Schwierigkeiten, denn sie waren
Menschen wie wir. Aber gerade weil sie Weggefähr-
ten Jesu waren, Freunde Jesu, die auf einem Weg,
der nicht leicht war, gelernt haben zu glauben, führen sie auch uns und helfen uns, Jesus Christus
kennenzulernen, ihn zu lieben und an ihn zu glauben. Ich habe schon über vier der insgesamt zwölf
Apostel gesprochen: über Simon Petrus, über seinen Bruder Andreas, über Jakobus, den Bruder des
hl. Johannes, und über den anderen Jakobus, der
»der Jüngere« genannt wird und einen Brief geschrieben hat, der zum Neuen Testament gehört.
Ich habe begonnen, über Johannes den Evangelisten zu sprechen, und in der letzten Katechese vor
den Ferien die wesentlichen Daten zusammengestellt, die die Gestalt dieses Apostels umreißen.
Jetzt möchte ich die Aufmerksamkeit auf den In-

halt seiner Lehre richten. Die Texte, denen wir uns heute also widmen wollen, sind das Evangelium und die Briefe, die unter seinem Namen laufen.

Wenn es ein bezeichnendes Thema gibt, das in den Schriften des Johannes hervortritt, dann ist es das Thema der Liebe. Nicht ohne Grund habe ich meine erste Enzyklika mit den Worten dieses Apostels begonnen: »Gott ist die Liebe *(Deus caritas est)*, und wer in der Liebe bleibt, bleibt in Gott, und Gott bleibt in ihm« (1 Joh 4,16). Es ist sehr schwierig, derartige Texte in anderen Religionen zu finden. Und deshalb stellen diese Worte uns vor ein Moment des Christentums, das wirklich etwas Besonderes ist. Sicher ist Johannes nicht der einzige Autor aus der Anfangszeit des Christentums, der über die Liebe spricht. Weil sie ein wesentlicher Bestandteil des Christentums ist, sprechen alle Verfasser des Neuen Testaments von ihr, wenn auch mit unterschiedlichen Schwerpunkten. Wenn wir über dieses Thema jetzt bei Johannes eingehender nachdenken, dann deshalb, weil er das Thema in seinen Hauptlinien eindringlich und anschaulich umrissen hat. Wir vertrauen uns also seinen Worten an. Eines ist sicher: Er verfasst keine abstrakte philosophische oder auch theologische Abhandlung darüber, was die Liebe ist. Nein, er ist kein Theoretiker. Wahre Liebe ist ihrer Natur nach nie rein spekulativ, sondern sie ist Ausdruck einer direkten, konkreten und nachvollziehbaren Beziehung zu wirklichen Personen. Johannes also

zeigt uns als Apostel und Freund Jesu, was die Be-
standteile – oder besser: die Phasen – der christlichen Liebe sind, eine Bewegung, für die drei Momente charakteristisch sind.

Das erste betrifft die Quelle der Liebe, die der
Apostel in Gott ausmacht, was ihn – wie wir gehört haben – dazu führt zu sagen: »Gott ist die Liebe« (1 Joh 4,8.16). Johannes ist der einzige Autor
des Neuen Testaments, der uns fast eine Art Definition Gottes schenkt. Er sagt zum Beispiel: »Gott
ist Geist« (Joh 4,24) oder »Gott ist Licht« (1 Joh
1,5). Hier verkündet er mit bewundernswerter In-
tuition, dass Gott die Liebe ist. Man beachte: Es
heißt nicht einfach, dass »Gott liebt«, und noch
weniger, dass »die Liebe Gott ist«! Mit anderen
Worten: Johannes beschränkt sich nicht darauf,
das Handeln Gottes zu beschreiben, sondern er
dringt bis zu dessen Wurzeln vor. Außerdem hat
er nicht die Absicht, einer allgemeinen und vielleicht unpersönlichen Liebe göttliche Eigenschaft
zuzuschreiben; er steigt nicht von der Liebe zu
Gott auf, sondern er wendet sich direkt Gott zu,
um sein Wesen durch die unendliche Dimension
der Liebe zu definieren. Damit will Johannes sagen, dass das Wesen Gottes Liebe ist und deshalb
alles Handeln Gottes in der Liebe seinen Ursprung hat und von Liebe durchdrungen ist: Alles
was Gott tut, tut er aus Liebe und mit Liebe, auch
wenn wir nicht immer sofort verstehen, dass dies
Liebe ist, wahre Liebe.

An diesem Punkt ist es jedoch unerlässlich, einen Schritt weiterzugehen und deutlichzumachen, dass Gott seine Liebe konkret gezeigt hat, indem er in die menschliche Geschichte eintrat in der Person Jesu Christi, der für uns Mensch geworden, gestorben und auferstanden ist. Das ist das zweite grundlegende Moment der Liebe Gottes. Er hat sich nicht auf Worte beschränkt, sondern, so können wir sagen, er hat sich wirklich eingesetzt und in eigener Person »bezahlt«. Genau wie Johannes schreibt: »Gott hat die Welt (das heißt: uns alle) so sehr geliebt, dass er seinen einzigen Sohn hingab« (Joh 3,16). Die Liebe Gottes zu den Menschen wird jetzt konkret und offenbart sich in der Liebe Jesu. Weiter schreibt Johannes: Da Jesus »die Seinen, die in der Welt waren, liebte, erwies er ihnen seine Liebe bis zur Vollendung« (Joh 3,16). Kraft dieser schenkenden und totalen Liebe sind wir ganz losgekauft von der Sünde, wie Johannes schreibt: »Meine Kinder ... Wenn aber einer sündigt, haben wir einen Beistand beim Vater: Jesus Christus, den Gerechten. Er ist die Sühne für unsere Sünden, aber nicht nur für unsere Sünden, sondern auch für die der ganzen Welt« (1 Joh 2,1–2; vgl. 1 Joh 1,7). Bis dorthin ging die Liebe Jesu zu uns: bis zum Vergießen des eigenen Blutes zu unserem Heil! Der Christ, der betrachtend innehält vor diesem »Übermaß« der Liebe, muss sich fragen, was die gebührende Antwort ist. Und ich denke, dass sich jeder von uns immer und stets aufs Neue diese Frage stellen muss.

Diese Frage führt uns zum dritten Moment der Dynamik der Liebe: Als aufnehmende Empfänger einer Liebe, die uns vorausgeht und überragt, sind wir aufgerufen, uns zu einer aktiven Antwort zu verpflichten, die – um angemessen zu sein – nur eine Antwort der Liebe sein kann. Johannes spricht von einem »Gebot«. Er überliefert nämlich die folgenden Worte Jesu: »Ein neues Gebot gebe ich euch: Liebt einander! Wie ich euch geliebt habe, so sollt auch ihr einander lieben« (Joh 13,34). Worin besteht das Neue, auf das Jesus Bezug nimmt? Es besteht in der Tatsache, dass er sich nicht darauf beschränkt, das zu wiederholen, was schon im Alten Testament gefordert wurde und was wir auch in den anderen Evangelien lesen können: »Du sollst deinen Nächsten lieben wie dich selbst« (Lev 19,18; vgl. Mt 22,37–39; Mk 12,29–31; Lk 10,27). Im alten Gebot war das maßgebende Kriterium vom Menschen abgeleitet (»wie dich selbst«), während im Gebot, das Johannes überliefert, Jesus als Grund und Norm unserer Liebe seine eigene Person angibt: »wie ich euch geliebt habe«. So wird die Liebe wirklich christlich und trägt in sich das Neue des Christentums: Sowohl in dem Sinn, dass sie auf alle Menschen ohne Unterschied ausgerichtet sein muss, als auch und vor allem darin, dass sie bis zu den äußersten Konsequenzen gehen muss, da sie kein Maß hat als das, ohne Maß zu sein. Jene Worte Jesu »wie ich euch geliebt habe« sind eine Einladung und beunruhigen uns zugleich; sie stellen ein christologisches Ziel dar, das unerreichbar scheinen kann, aber zugleich sind sie ein Ansporn, der uns nicht erlaubt, uns auf dem bereits Erreichten auszuruhen. Er erlaubt uns nicht, damit zufrieden zu sein, wie wir sind, sondern er treibt uns an, auf dem Weg zu diesem Ziel zu bleiben.

Ein kostbarer Text der Spiritualität, das kleine Buch aus dem späten Mittelalter mit dem Titel *Nachfolge Christi*, schreibt dazu: »Jesu edle Liebe spornt uns zu großen Taten an und ruft uns auf, immer größere Vollkommenheit zu erstreben. Die Liebe strebt aufwärts und lässt sich nicht durch niedrige Dinge fesseln. Die Liebe will frei sein und unbeschwert von aller irdischen Neigung ... denn die Liebe ist aus Gott geboren und kann in keinem erschaffenen Wesen, sondern nur in Gott Ruhe finden. Der Liebende fliegt, läuft und ist voll Freude; er ist frei und lässt sich nicht aufhalten. Er gibt alles für alles und hat alles in allem, weil er, über alles erhoben, ruht in dem einen Höchsten, dem alles Gute wie einer Quelle entströmt« (Buch III, 5. Kapitel). Gibt es einen besseren Kommentar zum »neuen Gebot«, von dem Johannes spricht? Bitten wir den Vater, es so glaubhaft leben zu können – wenn auch stets in unvollkommener Weise –, dass wir alle, denen wir auf unserem Weg begegnen, mit dieser Liebe anstecken.

(9. August 2006)

Johannes, der Seher von Patmos

Liebe Brüder und Schwestern!
In der letzen Katechese waren wir zur Betrachtung
der Gestalt des Apostels Johannes gelangt. Zuerst
hatten wir versucht zu sehen, was man über sein
Leben weiß. Anschließend, in einer zweiten Katechese, haben wir den Hauptinhalt seines Evangeliums und seiner Briefe betrachtet: die »Caritas«, die
Liebe. Und heute wird uns ebenfalls die Gestalt des
Johannes beschäftigen, diesmal, um über den Seher der Offenbarung nachzudenken. Und uns fällt
sofort etwas auf: Während weder das Vierte Evangelium noch die Briefe, die dem Apostel zugeschrieben werden, seinen Namen enthalten, erwähnt die Offenbarung sogar viermal den Namen
Johannes (vgl. 1,1.4.9; 22,8). Offensichtlich hatte
der Autor einerseits keinen Grund, seinen Namen
zu verschweigen, und wusste andererseits, dass seine ersten Leser ihn genau identifizieren konnten.
Wir wissen aber, dass die Gelehrten bereits im
3. Jahrhundert über die Identität des in der Offenbarung erwähnten Johannes diskutierten. Zu guter
Letzt könnten wir ihn auch den »Seher von Patmos« nennen, weil seine Gestalt mit dem Namen
dieser Insel im Ägäischen Meer verbunden ist, wo

er nach seinem autobiographischen Zeugnis »um des Wortes Gottes willen und des Zeugnisses für Jesus« (Offb 1,9) in der Verbannung lebte. Eben auf der Insel Patmos hatte Johannes, »am Tag des Herrn ... vom Geist ergriffen« (Offb 1,10), großartige Visionen und hörte außerordentliche Botschaften, die die Geschichte der Kirche und die ganze christliche Kultur nicht wenig beeinflusst haben. Zum Beispiel ging der Titel seines Buches – Apokalypse, Offenbarung – in unseren Sprachgebrauch über in den Worten »Apokalypse, apokalyptisch«, die, wenn auch zu Unrecht, die Vorstellung einer drohenden Katastrophe wachrufen.

Das Buch muss vor dem Hintergrund der dramatischen Erfahrungen der sieben Gemeinden der Provinz Asien (Ephesus, Smyrna, Pergamon, Thyatira, Sardes, Philadelphia, Laodizea) verstanden werden, die gegen Ende des ersten Jahrhunderts große Schwierigkeiten in ihrem Zeugnis für Christus zu bewältigen hatten: Verfolgungen und auch innere Spannungen. An sie wendet sich Johannes mit lebendigem pastoralem Einfühlungsvermögen gegenüber den verfolgten Christen, die er ermahnt, im Glauben standhaft zu bleiben und sich nicht der so starken heidnischen Umwelt anzugleichen. Sein Thema ist im Letzten die Enthüllung des Sinns der Menschheitsgeschichte, ausgehend vom Tod und der Auferstehung Christi. Die erste und grundlegende Vision des Johannes betrifft die Gestalt des Lammes, das geschlachtet wurde und dennoch aufrecht steht (vgl. Offb 5,6); es steht in der Mitte vor dem Thron, auf dem Gott selbst bereits sitzt. Damit will uns Johannes vor allem zwei Dinge sagen: Erstens, dass Jesus, obwohl er einen gewaltsamen Tod erlitten hat, nicht auf die Erde niedergestreckt ist, sondern paradoxerweise fest auf seinen Füßen steht, weil er mit der Auferstehung den Tod endgültig besiegt hat. Zweitens, dass Jesus gerade aufgrund seines Todes und seiner Auferstehung bereits vollkommen an der königlichen und rettenden Macht des Vaters Anteil hat. Dies ist die grundlegende Vision. Jesus, der Sohn Gottes, ist auf dieser Erde ein schutzloses, verletztes, getötetes Lamm. Und dennoch steht er aufrecht, auf seinen Füßen, er steht vor dem Thron Gottes und hat Anteil an der göttlichen Macht. Er hält die Geschichte der Welt in seinen Händen. Und so möchte uns der Seher sagen: Habt Vertrauen in Jesus, habt keine Angst vor den feindlichen Mächten, vor der Verfolgung! Das verletzte und getötete Lamm siegt! Folgt dem Lamm Jesus, vertraut euch Jesus an, folgt seinem Weg! Auch wenn er in dieser Welt nur ein Lamm ist, das schwach zu sein scheint, so ist er doch der Sieger!

Eine der Hauptvisionen der Offenbarung hat dieses Lamm zum Gegenstand: Es ist im Begriff, ein Buch zu öffnen, das zuvor mit sieben Siegeln verschlossen war, die niemand öffnen konnte. Es wird sogar gesagt, dass Johannes weint, weil niemand für würdig befunden wurde, das Buch zu öffnen und es zu lesen (vgl. Offb 5,4). Die Geschichte kann nicht entschlüsselt werden, sie bleibt unverständlich. Niemand kann sie lesen. Vielleicht ist dieses Weinen des Johannes vor dem dunklen Geheimnis der Geschichte Ausdruck der Erschütterung der Gemeinden Asiens aufgrund des Schweigens Gottes angesichts der Verfolgungen, denen sie in jener Zeit ausgesetzt waren. Es ist eine Erschütterung, in der sich auch unsere Bestürzung widerspiegelt angesichts der großen Schwierigkeiten, des Unverständnisses und der Feindseligkeit, die die Kirche auch heute in verschiedenen Teilen der Welt erleidet. Es sind Leiden, die die Kirche sicher nicht verdient hat, so wie Jesus selbst seine Hinrichtung nicht verdient hat. Sie enthüllen jedoch sowohl die Bosheit des Menschen, wenn er den Versuchungen des Bösen erliegt, als auch die höhere Führung der Ereignisse durch Gott. Nur das geopferte Lamm ist in der Lage, das versiegelte Buch zu öffnen, seinen Inhalt zu offenbaren und dieser scheinbar oft so absurden Geschichte Sinn zu verleihen. Nur das Lamm kann aus ihr Weisungen und Lehren für das Leben der Christen ableiten, denen sein Sieg über den Tod die Verkündigung und die Zusicherung des Sieges überbringt, den auch sie zweifellos erringen werden. Die gesamte, sehr bildreiche Sprache, derer sich Johannes bedient, zielt darauf ab, diesen Trost zu vermitteln.

Im Mittelpunkt der Visionen, von denen die Offenbarung berichtet, stehen auch die sehr bedeutungsvollen Visionen von der Frau, die einen Sohn gebiert, sowie die ergänzende Vision vom Drachen, der bereits vom Himmel herabgestürzt, aber noch sehr machtvoll ist. Die Frau steht für Maria, die Mutter des Erlösers, aber zugleich steht sie für die ganze Kirche, das Gottesvolk aller Zeiten, die Kirche, die zu jeder Zeit unter großen Schmerzen Christus immer von Neuem gebiert. Und sie wird immer von der Macht des Drachens bedroht. Sie scheint schutzlos, schwach zu sein. Aber während sie bedroht und vom Drachen verfolgt wird, wird sie auch vom Trost Gottes beschützt. Und am Ende siegt diese Frau – und nicht der Drache. Das ist die große Prophezeiung dieses Buches, die uns Vertrauen schenkt! Die Frau, die in der Geschichte leidet, die Kirche, die verfolgt wird, erscheint am Ende als prächtige Braut, Vorausbild des neuen Jerusalem, wo es keine Tränen und kein Weinen mehr geben wird, Bild der verwandelten Welt, der neuen Welt, deren Licht Gott selbst ist und dessen Leuchte das Lamm ist.

Aus diesem Grund ist die Offenbarung des Johannes, obwohl sie beständige Hinweise auf Leiden, Qualen und Tränen – die dunkle Seite der Geschichte – enthält, gleichermaßen von häufigen Lobgesängen durchzogen, die gleichsam die leuchtende Seite der Geschichte darstellen. So ist zum Beispiel von einer großen Schar zu lesen, die mit lautem Ruf singt: »Halleluja! Denn König geworden ist der Herr, unser Gott, der Herrscher über die ganze Schöpfung. Wir wollen uns freuen und jubeln und ihm die Ehre erweisen. Denn gekommen ist die Hochzeit des Lammes, und seine Frau hat sich bereit gemacht« (Offb 19,6–7). Wir stehen vor dem typischen christlichen Paradoxon, nach dem das Leiden nie als das letzte Wort wahrgenommen wird, sondern als Durchgangsstadium zur Glückseligkeit verstanden wird und sogar selbst schon auf geheimnisvolle Weise von der Freude durchdrungen ist, die aus der Hoffnung entspringt. Gerade deswegen kann Johannes, der »Seher von Patmos«, sein Buch mit einem letzten Wunsch sehnsuchtsvoller Erwartung schließen. Er erfleht das endgültige Kommen des Herrn: »Komm, Herr Jesus!« (Offb 22,20). Es ist eines der wichtigsten Gebete der frühen Christenheit, das vom hl. Paulus auch in seiner aramäischen Form überliefert wurde: »Marána tha«.

Und dieses Gebet – »Unser Herr, komm!« (1 Kor 16,22) – hat verschiedene Dimensionen. Natürlich ist es vor allem die Erwartung des endgültigen Sieges des Herrn, des neuen Jerusalem, des Herrn, der kommt und die Welt verwandelt. Aber zugleich ist es auch ein eucharistisches Gebet: »Komm, Jesus, komm jetzt!« Und Jesus kommt, nimmt sein endgültiges Kommen vorweg. So sagen wir voll Freude zugleich: »Komm jetzt und komm in endgültiger Weise!« Dieses Gebet hat

noch eine dritte Bedeutung: »Du bist schon gekommen, Herr! Wir sind uns deiner Gegenwart
unter uns sicher. Sie ist unsere freudige Erfahrung. Aber komm endgültig!« Und so beten wir
mit dem hl. Paulus, mit dem »Seher von Patmos«
und mit der frühen Christenheit: »Komm, Herr
Jesus! Komm und verwandle die Welt! Komm
schon heute, und es siege der Friede!« Amen!

(23. August 2006)

Matthäus

Liebe Brüder und Schwestern!
Die Reihe der Porträts der zwölf Apostel fortsetzend, die wir vor einigen Wochen begonnen haben, verweilen wir heute bei Matthäus. In Wirklichkeit ist es fast unmöglich, seine Gestalt ganz zu umreißen, da es über ihn nur wenige und bruchstückhafte Nachrichten gibt. Was wir jedoch tun können, ist nicht so sehr seine Biographie als vielmehr sein Bild, wie es im Evangelium überliefert ist, nachzuzeichnen.

Zunächst einmal ist er stets in den Listen der Zwölf, die von Jesus auserwählt wurden, anwesend (vgl. Mt 10,3; Mk 3,18; Lk 6,15; Apg 1,13). Sein hebräischer Name bedeutet »Geschenk Gottes«. Das erste Evangelium im Schriftkanon, das unter seinem Namen läuft, stellt ihn uns unter einer sehr genauen Bezeichnung vor: »der Zöllner« (Mt 10,3). Auf diese Weise wird er mit dem Mann identifiziert, der am Zoll sitzt und den Jesus in seine Nachfolge beruft: »Als Jesus weiterging, sah er einen Mann namens Matthäus am Zoll sitzen und sagte zu ihm: Folge mir nach! Da stand Matthäus auf und folgte ihm« (Mt 9,9). Auch Markus (vgl. 2,13–17) und Lukas (vgl. 5,27–30) berichten von der Berufung des Mannes, der am Zoll sitzt, aber sie nennen ihn »Levi«. Um sich die Szene vorzustellen, die in Mt 9,9 beschrieben wird, genügt es, sich an das wunderbare Gemälde Caravaggios zu erinnern, das sich hier in Rom in der Kirche »San Luigi dei Francesi« befindet. Aus den Evangelien geht ein weiteres biographisches Detail hervor: In dem Abschnitt, der dem Berufungsbericht unmittelbar vorausgeht, wird ein Wunder beschrieben, das Jesus in Kafarnaum vollbracht hat (vgl. Mt 9,1–8; Mk 2,1–12), und es wird die Nähe des Sees von Galiläa, des Sees von Tiberias, erwähnt (vgl. Mk 2,13–14). Das lässt darauf schließen, dass Matthäus seine Funktion als Steuereintreiber in Kafarnaum ausübte, »das am See liegt« (Mt 4,13), wo Jesus ständiger Gast im Haus des Petrus war.

Auf der Grundlage dieser einfachen Feststellungen, die sich aus dem Evangelium ergeben, können wir einige Überlegungen anstellen. Die erste Überlegung ist die, dass Jesus in den Kreis seiner engsten Vertrauten einen Mann aufnimmt, der nach der gängigen Auffassung im zeitgenössischen Israel als öffentlicher Sünder betrachtet wurde. Matthäus hatte nämlich nicht nur mit Geld zu tun, das aufgrund seiner Herkunft von Leuten, die nicht zum Volk Gottes gehörten, als unrein galt, sondern er kollaborierte außerdem mit einer verhassten, habgierigen Fremdherrschaft, die Abgaben auch willkürlich festlegen konnte. Aus diesen Gründen erwähnen die Evangelien mehr als einmal »Zöllner und Sünder« (Mt 9,10; Lk 15,1) sowie »Zöllner und Dirnen« (Mt 21,31) in einem Atemzug. Darüber hinaus sehen sie in den Zöllnern ein Beispiel der Engherzigkeit (vgl. Mt 5,46: Sie lieben nur diejenigen, die auch sie lieben) und sagen, dass einer von ihnen, Zachäus, »der oberste Zollpächter und ... sehr reich« war (Lk 19,2), während die Volksmeinung sie »Räubern, Betrügern, Ehebrechern« (vgl. Lk 18,11) zugesellte. Vor diesem Hintergrund fällt eine erste Tatsache ins Auge: Jesus schließt keinen von seiner Freundschaft aus. Im Gegenteil, gerade als er im Haus des Matthäus-Levi zu Tisch saß, gab er denjenigen, die sich daran stießen, dass er mit wenig vertrauenerweckenden Leuten Umgang hatte, diese wichtige Erklärung zur Antwort: »Nicht die Gesunden brauchen den Arzt, sondern die Kranken. Ich bin gekommen, um die Sünder zu rufen, nicht die Gerechten« (Mk 2,17).

Die Frohe Botschaft des Evangeliums besteht eben darin: im Angebot der Gnade Gottes an den Sünder! An einer anderen Stelle verweist Jesus mit dem berühmten Beispiel vom Pharisäer und vom Zöllner, die zum Tempel hinaufgingen, um zu beten, sogar auf einen namenlosen Zöllner als lobenswertes Vorbild demütigen Vertrauens auf das göttliche Erbarmen: Der Pharisäer rühmt sich seiner eigenen sittlichen Vollkommenheit, der Zöllner dagegen »wagte nicht einmal, seine Augen zum Himmel zu erheben, sondern schlug sich an die Brust und betete: Gott, sei mir Sünder gnädig!« Und Jesus erläutert: »Ich sage euch: Dieser kehrte als Gerechter nach Hause zurück, der andere nicht. Denn wer sich selbst erhöht, wird erniedrigt, wer sich aber selbst erniedrigt, wird erhöht werden« (Lk 18,13–14). In der Gestalt des Matthäus stellen uns die Evangelien ein wirkliches Paradox vor Augen: Wer dem Anschein nach weit von der Heiligkeit entfernt ist, kann sogar zu einem Vorbild werden für einen Menschen, der bereit ist, die Barmherzigkeit Gottes zu empfangen, und kann ihre wunderbaren Auswirkungen im eigenen Leben erkennbar werden lassen. Zu diesem Thema macht der hl. Johannes Chrysostomus eine bezeichnende Anmerkung: Er weist darauf hin, dass nur in einigen Berufungsberichten die Arbeit erwähnt wird, der die Berufenen nachgingen. Petrus, Andreas, Jakobus und Johannes werden berufen, während sie fischen, Matthäus, während er die Steuern eintreibt. Es handelt sich um niedere Arbeiten, erläutert Chrysostomus – »es gibt ja nichts Gemeineres als das Zöllneramt, nichts Armseligeres als das Fischerhandwerk« (*Matthäus-Kommentar*, Homilie 30,1). Der Ruf Jesu ergeht also auch an Menschen von niederem sozialem Rang, während sie ihrer gewöhnlichen Arbeit nachgehen.

Eine weitere Überlegung, die dem biblischen Bericht entspringt, ist, dass Matthäus sofort auf den Ruf Jesu antwortet: »Da stand Matthäus auf und folgte ihm.« Die Kürze dieses Satzes hebt die Bereitschaft des Matthäus, auf den Ruf zu antworten, deutlich hervor. Das bedeutet für ihn, alles zu verlassen, vor allem das, was ihm eine sichere Einnahmequelle gewährleistete, auch wenn diese Einnahmen oft unrechtmäßig und unehrenhaft waren. Offensichtlich verstand Matthäus, dass die Vertrautheit mit Jesus es ihm nicht erlaubte, mit Aktivitäten fortzufahren, die Gott nicht guthieß. Die Anwendung auf die Gegenwart ist einfach: Auch heute ist es nicht zulässig, an Dingen festzuhalten, die mit der Nachfolge Jesu nicht vereinbar sind, wie es bei unehrlich erworbenem Reichtum der Fall ist. Jesus hat einmal sehr deutlich gesagt: »Wenn du vollkommen sein willst, geh, verkauf deinen Besitz und gib das Geld den Armen; so wirst du einen bleibenden Schatz im Himmel haben; dann komm und folge mir nach« (Mt 19,21). Genau das tat Matthäus: Er stand auf und folgte ihm! Man kann mit gutem Grund in diesem »Aufstehen« das Loslassen von einer Situation der Sünde und gleichzeitig die bewusste Zuwendung zu einem neuen Leben sehen, einem aufrichtigen Leben in der Gemeinschaft mit Jesus.

Abschließend soll daran erinnert werden, dass die Tradition der Alten Kirche Matthäus einmütig die Urheberschaft des Ersten Evangeliums zuschreibt. Das geschieht bereits von Papias an, der um das Jahr 130 Bischof von Hierapolis in Phrygien war. Er schreibt: »Matthäus hat in hebräischer Sprache die Reden zusammengestellt; ein jeder aber übersetzte dieselben, so gut er konnte« (in: Eusebius von Caesarea, *Kirchengeschichte*, III,39). Der Historiker Eusebius fügt hinzu: »Matthäus, der zunächst unter den Hebräern gepredigt hatte, schrieb, als er auch noch zu anderen Völkern gehen wollte, das von ihm verkündete Evangelium in seiner Muttersprache; denn er suchte denen, von welchen er schied, durch die Schrift das zu ersetzen, was sie durch sein Fortgehen verloren« (ebd., III,24). Wir besitzen das von Matthäus in Hebräisch oder Aramäisch geschriebene Evangelium nicht mehr; aber im griechischen Evangelium, das wir haben, hören wir gewissermaßen auch weiterhin die überzeugende Stimme des Zöllners Matthäus, der, zum Apostel geworden, nach wie vor uns das rettende Erbarmen Gottes verkündet. Hören wir auf diese Botschaft des hl. Matthäus, denken wir immer wieder darüber nach, damit auch wir lernen, aufzustehen und Jesus entschlossen nachzufolgen.

(30. August 2006)

Philippus

Liebe Brüder und Schwestern!
Wir wollen fortfahren, die Persönlichkeiten der verschiedenen Apostel nachzuzeichnen, wie wir es seit einigen Wochen tun, und begegnen heute Philippus. In den Zwölferlisten steht er immer an fünfter Stelle (so in Mt 10,3; Mk 3,18; Lk 6,14; Apg 1,13), also im Grunde unter den Ersten. Obwohl Philippus jüdischer Herkunft war, ist sein Name wie der des Andreas griechisch, und das ist ein kleines Zeichen kultureller Offenheit, das man nicht unterschätzen sollte. Die Nachrichten, die wir über ihn besitzen, liefert uns das Johannesevangelium. Er stammte aus demselben Heimatort wie Petrus und Andreas, nämlich aus Betsaida (vgl. Joh 1,44), einer kleinen Stadt, die zur Tetrarchie eines der Söhne Herodes des Großen gehörte, der ebenfalls Philippus hieß (vgl. Lk 3,1).

Das Vierte Evangelium berichtet, dass Philippus nach seiner Berufung durch Jesus Natanaël trifft und zu ihm sagt: »Wir haben den gefunden, über den Mose im Gesetz und auch die Propheten geschrieben haben: Jesus aus Nazaret, den Sohn Josefs« (Joh 1,45). Auf die eher skeptische Antwort Natanaëls hin (»Aus Nazaret? Kann von dort etwas

Gutes kommen?«) gibt Philippus nicht auf und entgegnet entschieden: »Komm und sieh!« (Joh 1,46). In dieser trockenen, aber klaren Antwort zeigt Philippus die Eigenschaften des wahren Zeugen: Er begnügt sich nicht damit, die Botschaft wie eine Theorie zu verkünden, sondern wendet sich direkt an seinen Gesprächspartner und schlägt ihm vor, das, was ihm verkündet wurde, persönlich zu erfahren. Dieselben Verben verwendet auch Jesus selbst, als zwei Jünger Johannes des Täufers sich ihm nähern, um ihn zu fragen, wo er wohne: »Kommt und seht« (vgl. Joh 1,38–39).

Wir dürfen annehmen, dass Philippus mit jenen beiden Verben, die auf ein persönliches Einbezogensein hindeuten, sich auch an uns wendet. Auch zu uns sagt er, was er zu Natanaël gesagt hat: »Komm und sieh.« Der Apostel verpflichtet uns, Jesus aus der Nähe kennenzulernen. In der Tat braucht die Freundschaft, das wahre Kennenlernen des anderen, die Nähe, ja teilweise lebt sie sogar von ihr. Im Übrigen darf man nicht vergessen, dass – nach den Worten des Markus – Jesus die Zwölf hauptsächlich mit der Absicht auswählte, sie »bei sich haben« zu wollen (Mk 3,14), dass sie also sein Leben mit ihm teilen und direkt von ihm nicht nur seine Verhaltensweise lernen sollten, sondern vor allem, wer er wirklich ist. Denn nur so, durch die Teilnahme an seinem Leben, konnten sie ihn kennenlernen und dann verkünden. Später wird man im Brief des Paulus an die

Epheser lesen, dass es darauf ankommt, »Christus zu lernen« (vgl. Eph 4,20), also nicht nur und nicht in erster Linie seine Lehre, seine Worte zu hören, sondern vielmehr ihn persönlich, also sein Menschsein und seine Göttlichkeit, sein Geheimnis und seine Schönheit kennenzulernen. Denn er ist nicht nur ein Lehrmeister, sondern ein Freund, ja ein Bruder. Wie könnten wir ihn wirklich kennenlernen, wenn wir fern von ihm blieben? Die enge Beziehung, die Verbundenheit, die Vertrautheit lassen uns die wahre Identität Jesu Christi entdecken. Und eben daran erinnert uns der Apostel Philippus. So lädt er uns ein, zu »kommen« und zu »sehen«, das heißt, Tag für Tag mit Jesus in eine Verbindung des Zuhörens, des Antwortgebens und der Lebensgemeinschaft einzutreten.

Vor dem Ereignis der Brotvermehrung richtete Jesus dann eine bestimmte und ziemlich überraschende Frage an ihn: Wo es möglich wäre, Brot zu kaufen, um all die Menschen, die ihm folgten, zu sättigen (vgl. Joh 6,5). Da antwortete Philippus mit großem Realismus: »Brot für zweihundert Denare reicht nicht aus, wenn jeder von ihnen auch nur ein kleines Stück bekommen soll« (Joh 6,7). Hier sieht man die Konkretheit und den Realismus des Apostels, der zu beurteilen vermag, was eine Situation wirklich mit sich bringt. Wie es dann weitergegangen ist, wissen wir. Wir wissen, dass Jesus die Brote nahm, das Dankgebet

sprach und sie austeilte. So geschah die Brotvermehrung. Interessant ist aber, dass Jesus sich gerade an Philippus wandte, um einen ersten Hinweis darauf zu erhalten, wie man das Problem
lösen sollte: ein offenkundiges Zeichen dafür,
dass Philippus zum engeren Kreis gehörte, der Jesus umgab.

Zu einem anderen, für die spätere Geschichte
sehr wichtigen Zeitpunkt, kurz vor dem Leiden Jesu, traten einige Griechen, die sich zum Paschafest in Jerusalem aufhielten, »an Philippus heran ... und sagten zu ihm: Herr, wir möchten Jesus
sehen. Philippus ging und sagte es Andreas; Andreas und Philippus gingen und sagten es Jesus«
(Joh 12,20 – 22). Wieder haben wir einen Hinweis
auf sein besonderes Ansehen innerhalb des Apostelkollegiums. Vor allem tritt er in diesem Fall als
Vermittler zwischen der Anfrage einiger Griechen – wahrscheinlich sprach er Griechisch und
konnte als Übersetzer fungieren – und Jesus auf;
auch wenn er sich mit Andreas, dem anderen
Apostel mit einem griechischen Namen, zusam-
menschließt, ist dennoch er es, an den jene Fremden sich wenden. Das lehrt uns, dass auch wir immer bereit sein müssen, einerseits Fragen und
Bitten, von welcher Seite sie auch kommen mögen, anzunehmen und sie andererseits an den
Herrn zu richten, den Einzigen, der sie ganz erfül-
len kann. Es ist nämlich wichtig zu wissen, dass
nicht wir die eigentlichen Adressaten der Bitten

derer sind, die an uns herantreten, sondern der Herr: Zu ihm müssen wir jeden hinführen, der sich in Not befindet; jeder von uns muss ein Weg sein, der zu ihm führt!

Dann gibt es noch eine andere ganz besondere Gelegenheit, bei der Philippus in den Vordergrund tritt. Während des Letzten Abendmahls, nachdem Jesus gesagt hatte, dass ihn zu erkennen bedeutet, auch den Vater zu erkennen (vgl. Joh 14,7), fragte ihn Philippus beinahe naiv: »Herr, zeig uns den Vater; das genügt uns« (Joh 14,8). Jesus antwortete ihm in liebevoll tadelndem Tonfall: »Schon so lange bin ich bei euch, und du hast mich nicht erkannt, Philippus? Wer mich gesehen hat, hat den Vater gesehen! Wie kannst du sagen: Zeig uns den Vater? Glaubst du nicht, dass ich im Vater bin und dass der Vater in mir ist? ... Glaubt mir doch, dass ich im Vater bin und dass der Vater in mir ist« (Joh 14,9–11). Diese Worte gehören zu den erhabensten Worten des Johannesevangeliums. Sie enthalten eine wirkliche Offenbarung. Am Ende des Prologs seines Evangeliums sagt Johannes: »Niemand hat Gott je gesehen. Der Einzige, der Gott ist und am Herzen des Vaters ruht, er hat Kunde gebracht« (Joh 1,18). Jene Erklärung, die vom Evangelisten stammt, wird von Jesus selbst aufgenommen und bestätigt, jedoch mit einer neuen Nuance. Während nämlich der Johannesprolog von einem erklärenden Eingreifen Jesu durch die Worte seiner Lehre spricht, bezieht sich Jesus in seiner Antwort an Philippus auf seine eigene Person als solche und macht damit deutlich, dass es möglich ist, ihn nicht nur durch das zu verstehen, was er sagt, sondern mehr noch durch das, was er ganz einfach ist. Um es gemäß dem Paradox der Menschwerdung auszudrücken, können wir wohl sagen, dass Gott ein menschliches Antlitz angenommen hat, das Antlitz Jesu, und infolgedessen brauchen wir von nun an, wenn wir das Antlitz Gottes wirklich erkennen wollen, nichts anderes zu tun, als das Antlitz Jesu zu betrachten! In seinem Antlitz sehen wir wirklich, wer Gott ist und wie Gott ist!

Der Evangelist sagt uns nicht, ob Philippus die Worte Jesu vollkommen verstanden hat. Sicher ist, dass er sein ganzes Leben ihm hingegeben hat. Nach einigen späteren Berichten (den *Philippus-Akten* und anderen) soll unser Apostel zuerst Griechenland und dann Phrygien evangelisiert und dort, in Hierapolis, den Tod durch Hinrichtung erlitten haben, wobei die Hinrichtung auf unterschiedliche Weise entweder als Kreuzigung oder als Steinigung beschrieben wird.

Wir wollen unsere Betrachtung schließen, indem wir das Ziel, auf das unser Leben ausgerichtet sein soll, in Erinnerung rufen: Jesus so zu begegnen, wie ihm Philippus begegnet ist, indem wir versuchen, in ihm Gott selbst, den himmlischen Vater, zu sehen. Wäre dieses Bemühen nicht vorhanden, so würden wir wie in einem Spiegel im-

mer nur auf uns selbst zurückgeworfen und wären immer einsamer! Philippus hingegen lehrt
uns, uns von Jesus ergreifen zu lassen, bei ihm
zu sein und auch andere zur Teilhabe an dieser
unverzichtbaren Gemeinschaft einzuladen – und
im Sehen, im Finden Gottes das wahre Leben zu
finden.

(6. September 2006)

Thomas

Liebe Brüder und Schwestern!

Wir wollen unsere Begegnungen mit den zwölf Aposteln, die direkt von Jesus erwählt worden sind, fortsetzen und widmen unsere Aufmerksamkeit heute dem hl. Thomas. Er wird in allen vier vom Neuen Testament zusammengestellten Listen erwähnt; in den ersten drei Evangelien steht er neben Matthäus (vgl. Mt 10,3; Mk 3,18; Lk 6,15), während er in der Apostelgeschichte neben Philippus zu finden ist (vgl. Apg 1,13). Sein Name leitet sich aus einer hebräischen Wurzel ab, »ta'am«, was »gepaart« oder »Zwilling« bedeutet. In der Tat nennt ihn das Johannesevangelium mehrmals mit dem Beinamen »Didymus« (vgl. Joh 11,16; 20,24; 21,2), was auf Griechisch »Zwilling« heißt. Warum er diesen Beinamen hatte, wird nicht deutlich.

Vor allem das Vierte Evangelium bietet uns einige Angaben, die bedeutsame Züge seiner Persönlichkeit nachzeichnen. Die erste betrifft seine Mahnung an die anderen Apostel, als Jesus sich in einem kritischen Augenblick seines Lebens entschloss, nach Betanien zu gehen, um Lazarus wiederzuerwecken. Damit kam er Jerusalem gefährlich nahe (vgl. Mk 10,32). Damals sagte Thomas zu den anderen Jüngern: »Dann lasst uns mit ihm gehen, um mit ihm zu sterben« (Joh 11,16). Diese seine Entschlossenheit in der Nachfolge des Meisters ist wirklich beispielhaft und bietet uns eine wertvolle Lehre: Sie offenbart die totale Verfügbarkeit in der Treue zu Jesus, bis hin zur Identifikation des eigenen Schicksals mit dem seinen und dem Wunsch, mit ihm die höchste Prüfung des Todes zu teilen. Das Wichtigste ist tatsächlich, sich nie von Jesus zu trennen. Im Übrigen gebrauchen die Evangelisten das Verb »nachfolgen«, um damit auszudrücken: Wohin Jesus geht, dorthin muss auch sein Jünger gehen. Auf diese Weise wird das christliche Leben als ein Leben mit Jesus Christus bestimmt, ein Leben, das gemeinsam mit ihm gelebt werden muss. Der hl. Paulus schreibt etwas Ähnliches, als er den Christen von Korinth versichert: »Ihr wohnt in unserem Herzen, verbunden mit uns zum Leben und zum Sterben« (2 Kor 7,3). Was zwischen dem Apostel und »seinen« Christen geschieht, muss natürlich zuallererst für die Beziehung zwischen den Christen und Jesus selbst gelten: zusammen sterben, zusammen leben, in seinem Herzen wohnen, wie er in unserem Herzen wohnt.

Ein zweites Eingreifen des Thomas ist im Bericht vom Letzten Abendmahl enthalten. Hier sagt Jesus nach der Ankündigung seines bevorstehenden Todes, dass er gehe, um für die Jünger einen

Platz vorzubereiten, damit auch sie dort seien, wo er ist; und er erläutert ihnen: »Und wohin ich gehe – den Weg dorthin kennt ihr« (Joh 14,4). Da greift Thomas ein und sagt: »Herr, wir wissen nicht, wohin du gehst. Wie sollen wir dann den Weg kennen?« (Joh 14,5). Tatsächlich stellt er sich mit dieser Bemerkung auf eine relativ niedrige Verständnisebene, aber seine Frage veranlasst Jesus, das berühmte Wort auszusprechen: »Ich bin der Weg und die Wahrheit und das Leben« (Joh 14,6). Es ist also primär Thomas, an den sich diese Offenbarung richtet; sie gilt aber für uns alle und für alle Zeiten. Jedes Mal, wenn wir diese Worte hören oder lesen, können wir in Gedanken neben Thomas stehen und uns vorstellen, dass der Herr auch mit uns so spricht, wie er mit ihm gesprochen hat. Gleichzeitig gibt seine Frage auch uns sozusagen das Recht, Jesus um Erklärungen zu bitten. Oft begreifen wir ihn nicht. Haben wir den Mut zu sagen: Ich verstehe dich nicht, Herr, höre mich, hilf mir zu begreifen! Auf diese Weise, mit diesem Freimut, der die wahre Art des Betens, des Sprechens mit Jesus ist, bringen wir die Begrenztheit unserer Verständnisfähigkeit zum Ausdruck, während wir gleichzeitig die vertrauensvolle Haltung desjenigen einnehmen, der das Licht und die Kraft von dem erwartet, der sie zu schenken vermag.

Sehr bekannt und geradezu sprichwörtlich ist sodann die Szene des ungläubigen Thomas, die sich acht Tage nach Ostern abspielte. Im ersten Moment hatte er nicht geglaubt, dass in seiner Abwesenheit Jesus erschienen war, und hatte gesagt: »Wenn ich nicht die Male der Nägel an seinen Händen sehe und wenn ich meinen Finger nicht in die Male der Nägel und meine Hand nicht in seine Seite lege, glaube ich nicht« (Joh 20,25). Im Grunde geht aus diesen Worten die Überzeugung hervor, dass Jesus nun nicht mehr so sehr an seinem Antlitz als vielmehr an den Wundmalen zu erkennen sei. Thomas meint, dass die für die Identität Jesu ausschlaggebenden Zeichen jetzt vor allem die Wundmale seien, an denen offenbar wird, wie sehr er uns geliebt hat. Darin irrt der Apostel nicht. Wie wir wissen, erscheint Jesus acht Tage später wieder unter seinen Jüngern, und diesmal ist Thomas anwesend. Und Jesus fordert ihn auf: »Streck deinen Finger aus – hier sind meine Hände! Streck deine Hand aus und leg sie in meine Seite, und sei nicht ungläubig, sondern gläubig« (Joh 20,27). Thomas reagiert mit dem schönsten Glaubensbekenntnis des ganzen Neuen Testaments: »Mein Herr und mein Gott!« (Joh 20,28). Dazu merkt der hl. Augustinus an: Thomas »sah und berührte den Menschen, bekannte aber seinen Glauben an Gott, den er weder sah noch berührte. Was er aber sah und berührte, veranlasste ihn, an das zu glauben, woran er bis dahin gezweifelt hatte« (*In Ioann.* 121,5).

Der Evangelist fährt mit einem letzten Wort Jesu an Thomas fort: »Weil du mich gesehen hast, glaubst du. Selig sind, die nicht gesehen haben und doch glauben werden.« Diesen Satz kann man auch ins Präsens setzen: »Selig sind, die nicht sehen und doch glauben« (Joh 20,29). Auf jeden Fall spricht Jesus ein grundlegendes Prinzip für die Christen aus, die nach Thomas kommen werden, also für uns alle. Es ist interessant zu sehen, dass ein anderer Thomas, der große mittelalterliche Theologe aus Aquin, dieser Seligpreisung jene scheinbar gegensätzliche an die Seite stellt, die von Lukas überliefert wird: »Selig sind die, deren Augen sehen, was ihr seht« (Lk 10,23). Doch der Aquinate kommentiert: »Viel mehr Verdienst hat der, der glaubt, ohne zu sehen, als der, der sieht und glaubt« (*In Ioann.* XX lectio VI § 2566). Tatsächlich definiert der Hebräerbrief unter Berufung auf die lange Reihe der biblischen Patriarchen, die an Gott glaubten, ohne die Erfüllung seiner Verheißungen zu sehen, den Glauben als »Feststehen in dem, was man erhofft, Überzeugtsein von Dingen, die man nicht sieht« (Hebr 11,1). Der Fall des Apostels Thomas ist für uns aus mindestens drei Gründen wichtig: erstens, weil er uns in unseren Ungewissheiten tröstet; zweitens, weil er uns zeigt, dass jeder Zweifel über alle Ungewissheiten hinaus zum Licht führen kann; und schließlich, weil die an Thomas gerichteten Worte Jesu uns den wahren Sinn des reifen Glaubens in Erinnerung rufen und uns ermutigen, ungeachtet der Schwierigkeiten auf unserem Weg der Treue zu Jesus weiterzugehen.

Eine letzte Bemerkung über Thomas ist im Vierten Evangelium erhalten, das ihn als Zeugen des Auferstandenen unmittelbar nach dem wunderbaren Fischfang auf dem See von Tiberias anführt (vgl. Joh 21,2). Bei dieser Gelegenheit wird er sogar gleich nach Simon Petrus erwähnt: ein offenkundiges Zeichen für die große Bedeutung, derer er sich innerhalb der ersten christlichen Gemeinden erfreute. In seinem Namen wurden dann in der Tat die *Thomasakten* und das *Thomasevangelium* geschrieben, beides apokryphe Schriften, aber dennoch wichtig für das Studium der Anfänge des Christentums. Schließlich erinnern wir noch daran, dass einer alten Überlieferung zufolge Thomas zuerst Syrien und Persien evangelisierte (so berichtet schon Origenes, zitiert von Eusebius von Caesarea, *Hist. eccl.* 3,1), dann bis in das westliche Indien vordrang (vgl. *Thomasakten* 1–2 und 17ff), von wo aus er schließlich auch Südindien erreichte.

Mit dieser missionarischen Perspektive beenden wir unsere heutigen Überlegungen und bringen den Wunsch zum Ausdruck, dass das Vorbild des Thomas unseren Glauben an Jesus Christus, unseren Herrn und Gott, immer mehr stärken möge.

(27. September 2006)

Bartholomäus

Liebe Brüder und Schwestern!
In der Reihe der Apostel, die von Jesus während seines Erdenlebens berufen worden sind, ist es heute der Apostel Bartholomäus, der unsere Aufmerksamkeit auf sich zieht. In den antiken Verzeichnissen der Zwölf wird er immer vor Matthäus genannt, während der Name des Jüngers, der ihm selbst vorangeht, variiert und entweder Philippus (vgl. Mt 10,3; Mk 3,18; Lk 6,14) oder Thomas (vgl. Apg 1,13) sein kann. Sein Name ist eindeutig ein Patronymikum, da er einen ausdrücklichen Bezug auf den Namen des Vaters hat. Denn es handelt sich um einen Namen, der wahrscheinlich aramäischer Prägung ist: »bar Talmay«, was »Sohn des Talmay« bedeutet.

Über Bartholomäus haben wir keine besonderen Angaben; sein Name erscheint nämlich immer nur in den oben erwähnten Listen der Zwölf und steht also nie im Mittelpunkt irgendeines Berichtes. Er wird jedoch traditionsgemäß mit Natanaël identifiziert: ein Name, der »Gott hat gegeben« bedeutet. Dieser Natanaël stammte aus Kana (vgl. Joh 21,2); es ist also möglich, dass er Zeuge des großen »Zeichens« gewesen ist, das Jesus an jenem Ort vollbrachte (vgl. Joh 2,1–11). Die Gleichsetzung der beiden Personen hat ihren Grund wahrscheinlich darin, dass dieser Natanaël in der Berufungsszene, von der das Johannesevangelium berichtet, an die Seite des Philippus gestellt wird, das heißt an den Platz, den in den von den anderen Evangelien wiedergegebenen Apostellisten Bartholomäus einnimmt. Diesem Natanaël hatte Philippus mitgeteilt, dass sie den gefunden haben, »über den Mose im Gesetz und auch die Propheten geschrieben haben: Jesus aus Nazaret, den Sohn Josefs« (Joh 1,45). Wie wir wissen, hielt ihm Natanaël ein ziemlich schweres Vorurteil entgegen: »Aus Nazaret? Kann von dort etwas Gutes kommen?« (Joh 1,46a). Diese Art von Ablehnung ist in gewisser Weise für uns wichtig. Sie lässt uns nämlich sehen, dass den jüdischen Erwartungen nach der Messias nicht aus einem derart unbekannten Dorf stammen konnte, wie es eben Nazaret war (vgl. auch Joh 7,42). Zugleich macht sie jedoch auch die Freiheit Gottes deutlich, der uns in unseren Erwartungen überrascht und gerade dort zu finden ist, wo wir ihn nicht erwarten würden. Andererseits wissen wir, dass Jesus in Wirklichkeit nicht ausschließlich »aus Nazaret« war, sondern in Betlehem geboren wurde (vgl. Mt 2,1; Lk 2,4) und dass er letzten Endes vom Himmel kam, vom Vater, der im Himmel ist.

Die Geschichte von Natanaël gibt uns Anregung zu einer weiteren Überlegung: In unserer

Beziehung zu Jesus dürfen wir uns nicht allein mit Worten zufriedengeben. In seiner Antwort richtet Philippus eine bedeutsame Einladung an Natanaël: »Komm und sieh!« (Joh 1,46b). Unsere Kenntnis von Jesus bedarf vor allem einer lebendigen Erfahrung: Das Zeugnis der anderen ist sicherlich wichtig, da ja in der Regel unser ganzes christliches Leben mit der Verkündigung beginnt, die durch einen oder mehrere Zeugen zu uns gelangt. Aber dann müssen wir es selbst sein, die persönlich in eine innige und tiefe Beziehung zu Jesus hineingenommen werden. In ähnlicher Weise wollten die Samariter direkt mit Jesus selbst sprechen, nachdem sie das Zeugnis ihrer Mitbürgerin gehört hatten, der Jesus am Jakobsbrunnen begegnet war, und nach diesem Gespräch sagten sie zu der Frau: »Nicht mehr aufgrund deiner Aussage glauben wir, sondern weil wir ihn selbst gehört haben und nun wissen: Er ist wirklich der Retter der Welt« (Joh 4,42).

Kehren wir zur Berufungsszene zurück, wo uns der Evangelist berichtet, dass Jesus, als er Natanaël näherkommen sieht, ausruft: »Da kommt ein echter Israelit, ein Mann ohne Falschheit« (Joh 1,47). Es handelt sich um ein Lob, das einen Psalm in Erinnerung ruft: »Wohl dem Menschen ... dessen Herz keine Falschheit kennt« (Ps 32,2). Aber es weckt die Neugier Natanaëls, der erstaunt erwidert: »Woher kennst du mich?« (Joh 1,48a). Die Antwort Jesu ist nicht sofort verständlich. Er sagt: »Schon bevor dich Philippus rief, habe ich dich unter dem Feigenbaum gesehen« (Joh 1,48b). Wir wissen nicht, was unter diesem Feigenbaum geschehen war. Offensichtlich handelt es sich um einen entscheidenden Augenblick im Leben Natanaëls. Er fühlt sich von diesen Worten Jesu zutiefst berührt, er fühlt sich verstanden und begreift: Dieser Mann weiß alles über mich, er weiß und kennt den Weg des Lebens, diesem Mann kann ich mich wirklich anvertrauen. Und so antwortet er mit einem klaren und schönen Glaubensbekenntnis, wenn er sagt: »Rabbi, du bist der Sohn Gottes, du bist der König von Israel!« (Joh 1,49). In diesem Bekenntnis ist ein erster, wichtiger Schritt auf dem Weg der Treue zu Jesus gegeben. Die Worte Natanaëls werfen Licht auf einen doppelten, komplementären Aspekt der Identität Jesu: Er wird sowohl in seiner besonderen Beziehung zu Gott Vater erkannt, dessen eingeborener Sohn er ist, als auch in seiner Beziehung zum Volk Israel, zu dessen König er erklärt wird; dieser Titel ist dem erwarteten Messias zu eigen. Wir dürfen niemals weder das eine noch das andere dieser beiden Elemente aus den Augen verlieren, denn falls wir nur die himmlische Dimension Jesu verkünden, laufen wir Gefahr, aus ihm ein ätherisches und substanzloses Wesen zu machen; und wenn wir umgekehrt nur seinen konkreten Ort in der Geschichte anerkennen, vernachlässigen wir letztendlich die göttliche Dimension, die ihn eigentlich kennzeichnet.

Über die nachfolgende apostolische Tätigkeit des Bartholomäus-Natanaël haben wir keine genauen Angaben. Nach einer vom Historiker Eusebius im vierten Jahrhundert überlieferten Information soll ein gewisser Pantenus sogar in Indien Zeichen der Anwesenheit des Bartholomäus gefunden haben (vgl. *Hist. eccl.*, V,10,3). In der späteren Überlieferung, seit dem Mittelalter, verbreitete sich die Erzählung von seinem Tod durch das Abziehen der Haut bei lebendigem Leib, die dann sehr populär wurde. Man denke an die berühmte Darstellung des Jüngsten Gerichts in der Sixtinischen Kapelle, in der Michelangelo den hl. Bartholomäus malte, der in der linken Hand die eigene Haut hält, auf der der Künstler sein Selbstbildnis hinterließ. Seine Reliquien werden hier in Rom in der ihm geweihten Kirche auf der Tiberinsel verehrt, wohin sie vom deutschen Kaiser Otto III. im Jahr 983 gebracht worden sein sollen. Abschließend können wir sagen, dass die Gestalt des hl. Bartholomäus trotz der wenigen Informationen, die sich auf ihn beziehen, dennoch vor uns steht, um uns zu sagen, dass die Treue zu Jesus auch ohne das Vollbringen sensationeller Werke gelebt und bezeugt werden kann. Außerordentlich ist und bleibt Jesus selbst, und jeder von uns ist dazu berufen, ihm sein Leben und seinen Tod zu weihen.

(4. Oktober 2006)

Simon Kananäus und Judas Thaddäus

Liebe Brüder und Schwestern!
Heute widmen wir unsere Betrachtung zwei Aposteln aus der Reihe der Zwölf: Simon Kananäus und Judas Thaddäus (nicht zu verwechseln mit Judas Iskariot). Wir betrachten sie nicht nur deswegen gemeinsam, weil sie in den Listen der Zwölf immer nebeneinander angeführt werden (vgl. Mt 10,4; Mk 3,18; Lk 6,15; Apg 1,13), sondern auch, weil es nur wenige Nachrichten über sie gibt, abgesehen davon, dass der Kanon der neutestamentlichen Schriften einen Brief enthält, der Judas Thaddäus zugeschrieben wird.

Simon erhält einen Beinamen, der in den vier Listen variiert: Während Matthäus und Markus ihn als »Kananäus« bezeichnen, heißt er bei Lukas »der Zelot«. Tatsächlich entsprechen sich die beiden Bezeichnungen, da sie dasselbe bedeuten: Das hebräische Verb »qanà'« bedeutet nämlich »eifersüchtig, leidenschaftlich sein« und kann sowohl von Gott gesagt werden – da er eifersüchtig über das von ihm erwählte Volk wacht (vgl. Ex 20,5) – als auch von Menschen, die vor Eifer brennen und mit voller Hingabe dem einzigen Gott dienen, wie Elija (vgl. 1 Kön 19,10). Auch wenn dieser Simon nicht wirklich der nationalistischen Bewegung der Zeloten angehörte, ist es also gut möglich, dass ihn zumindest ein glühender Eifer für die jüdische Identität und damit für Gott, für sein Volk und für das göttliche Gesetz auszeichnete. Wenn das zutrifft, steht Simon in diametralem Gegensatz zu Matthäus, der als Zöllner einer Tätigkeit nachgegangen war, die als ganz und gar unrein angesehen wurde: ein offenkundiges Zeichen dafür, dass Jesus seine Jünger und Mitarbeiter aus den unterschiedlichsten sozialen und religiösen Schichten beruft, ohne jemanden von vornherein auszuschließen. Ihn interessieren die Menschen, nicht die gesellschaftlichen Kategorien oder die Etiketten! Und das Schöne daran ist, dass in der Gruppe seiner Jünger alle Seite an Seite lebten trotz ihrer Verschiedenheit und unter Überwindung der vorstellbaren Schwierigkeiten: Der Grund des Zusammenhalts war nämlich Jesus selbst, in dem sich alle vereint fanden. Das ist eine deutliche Lehre für uns, die wir oft dazu neigen, die Unterschiede und vielleicht auch die Gegensätze hervorzuheben. Dabei vergessen wir, dass uns in Jesus Christus die Kraft gegeben ist, unsere Konflikte beizulegen. Bedenken wir auch, dass die Gruppe der Zwölf das Vorausbild der Kirche ist, in der Raum sein soll für alle Charismen, Völker, Rassen und alle menschlichen Eigenschaften, die ihren Zusammenhalt und ihre Einheit in der Gemeinschaft mit Jesus finden.

Was dann Judas Thaddäus betrifft, wird er von der Tradition so genannt, die zwei verschiedene Namen miteinander verbindet: Während nämlich Matthäus und Markus ihn einfach »Thaddäus« nennen (Mt 10,3; Mk 3,18), heißt er bei Lukas »Judas, der Sohn des Jakobus« (Lk 6,16; Apg 1,13). Der Beiname Thaddäus ist ungewisser Herkunft und wird entweder als Ableitung vom aramäischen »taddà'« erklärt, was »Brust« heißt und somit »großmütig« bedeuten würde, oder als Abkürzung eines griechischen Namens wie »Theódoros, Theodótos«. Von ihm ist wenig überliefert. Nur Johannes weist auf eine Frage hin, die dieser Apostel während des Letzten Abendmahls an Jesus richtete. Thaddäus sagt zum Herrn: »Herr, warum willst du dich nur uns offenbaren und nicht der Welt?« Das ist eine Frage von großer Aktualität, die auch wir an den Herrn richten: Warum hat sich der Auferstandene nicht seinen Widersachern in seiner ganzen Herrlichkeit offenbart, um zu zeigen, dass der Sieger Gott ist? Warum hat er sich nur seinen Jüngern offenbart? Die Antwort Jesu ist geheimnisvoll und tiefgründig. Der Herr sagt: »Wenn jemand mich liebt, wird er an meinem Wort festhalten; mein Vater wird ihn lieben, und wir werden zu ihm kommen und bei ihm wohnen« (Joh 14,22–23). Das will besagen, dass der Auferstandene gesehen und auch mit dem Herzen wahrgenommen werden muss, damit Gott in uns wohnen kann. Der Herr erscheint nicht wie eine

Sache. Er will in unser Leben eintreten, und darum ist seine Offenbarung eine Offenbarung, die ein offenes Herz einschließt und voraussetzt. Nur so sehen wir den Auferstandenen.

Judas Thaddäus ist die Autorschaft eines der Briefe des Neuen Testaments zugeschrieben worden, die die »Katholischen Briefe« genannt werden, weil sie nicht an eine bestimmte Ortskirche, sondern an einen sehr weiten Empfängerkreis gerichtet sind. Tatsächlich richtet sich der Judasbrief »an die Berufenen, die von Gott, dem Vater, geliebt und für Jesus Christus bestimmt und bewahrt sind« (V. 1). Die Hauptsorge dieser Schrift ist es, die Christen vor all jenen zu warnen, die Gottes Gnade zum Vorwand nehmen, um ihre eigene Zügellosigkeit zu entschuldigen und andere Brüder mit inakzeptablen Lehren irrezuleiten, wobei sie Spaltungen in die Kirche hineintragen, unter dem Antrieb ihrer »Träume« (vgl. V. 8), wie Judas diese ihre besonderen Lehren und Ideen nennt. Er vergleicht sie sogar mit den gefallenen Engeln und sagt mit scharfen Worten, dass »sie den Weg Kains gegangen sind« (V. 11). Zudem brandmarkt er sie rückhaltlos als »wasserlose Wolken ... von den Winden dahingetrieben; Bäume, die im Herbst keine Frucht tragen, zweimal verdorrt und entwurzelt; wilde Meereswogen, die ihre eigene Schande ans Land spülen; Sterne, die keine feste Bahn haben; ihnen ist auf ewig die dunkelste Finsternis bestimmt« (V. 12–13).

Heute sind wir vielleicht nicht mehr gewohnt, eine derart polemische Sprache zu benutzen, die uns dennoch etwas Wichtiges zu sagen hat. Inmitten aller Versuchungen, die es gibt, und inmitten aller Strömungen des modernen Lebens müssen wir die Identität unseres Glaubens bewahren. Gewiss muss der Weg der Nachsicht und des Dialogs, den das Zweite Vatikanische Konzil glücklicherweise eingeschlagen hat, mit fester Beständigkeit fortgesetzt werden. Aber dieser so notwendige Weg des Dialogs darf nicht die Pflicht vergessen lassen, die unverzichtbaren Grundzüge unserer christlichen Identität immer wieder zu bedenken und mit ebenso viel Kraft herauszustellen. Andererseits ist es notwendig, sich klarzumachen, dass diese unsere Identität angesichts der Widersprüchlichkeiten der Welt, in der wir leben, Kraft, Klarheit und Mut erfordert. Deshalb fährt der Brief so fort: »Ihr aber, liebe Brüder, gründet euch auf euren hochheiligen Glauben, und baut darauf weiter, betet in der Kraft des Heiligen Geistes, haltet fest an der Liebe Gottes und wartet auf das Erbarmen Jesu Christi, unseres Herrn, der euch das ewige Leben schenkt. Erbarmt euch derer, die zweifeln« (V. 20–22). Der Brief schließt mit diesen wunderschönen Worten: »Dem einen Gott aber, der die Macht hat, euch vor jedem Fehltritt zu bewahren und euch untadelig und voll Freude vor seine Herrlichkeit treten zu lassen, ihm, der uns durch Jesus Christus, unseren Herrn, rettet, gebührt die Herrlichkeit, Hoheit, Macht und

Gewalt vor aller Zeit und jetzt und für alle Zeiten. Amen« (V. 24–25).

Man sieht gut, dass der Verfasser dieser Zeilen in Fülle seinen Glauben lebt, zu dem große Wirklichkeiten gehören, wie die moralische Integrität und die Freude, das Vertrauen und schließlich das Lob, und alles hat nur in der Güte unseres einzigen Gottes und in der Barmherzigkeit unseres Herrn Jesus Christus seinen Grund. Darum mögen uns sowohl Simon Kananäus als auch Judas Thaddäus helfen, die Schönheit des christlichen Glaubens immer wieder neu zu entdecken und unermüdlich zu leben, indem wir ein starkes und zugleich unbeschwertes Zeugnis von ihm ablegen.

(11. Oktober 2006)

Judas Iskariot und Matthias

Liebe Brüder und Schwestern!
Wenn wir heute den Gang durch die Porträtgalerie der Apostel, die direkt von Jesus während seines Erdenlebens berufen wurden, beenden, können wir den nicht unerwähnt lassen, der in den Zwölferlisten immer als Letzter genannt wird: Judas Iskariot. Mit ihm zusammen wollen wir hier denjenigen erwähnen, der dann an seiner Statt erwählt worden ist, nämlich Matthias.

Schon allein der Name Judas löst unter den Christen eine instinktive Reaktion der Ablehnung und der Verurteilung aus. Die Bedeutung des Beinamens »Iskariot« ist umstritten: Die am häufigsten angenommene Erklärung versteht ihn als »Mann aus Kerijot« und bezieht sich dabei auf seinen Herkunftsort, der bei Hebron liegt und in der Heiligen Schrift zweimal erwähnt wird (vgl. Jos 15,25; Am 2,2). Andere interpretieren ihn als Variante des Begriffes »sicarius«, Meuchelmörder, als spiele er auf einen Freischärler an, der mit einem Dolch – lateinisch »sica« – bewaffnet ist. Schließlich sehen einige in dem Beinamen einfach die Transkription einer hebräisch-aramäischen Wurzel mit der Bedeutung: »der, der im Begriff war, ihn auszuliefern«. Diese Bezeichnung findet sich zweimal im Vierten Evangelium, und zwar nach einem Glaubensbekenntnis des Petrus (vgl. Joh 6,71) und dann während der Salbung in Betanien (vgl. Joh 12,4). Andere Stellen zeigen, dass der Verrat im Gange war, wenn es heißt: »der, der ihn verriet«; so während des Letzten Abendmahls, nach der Ankündigung des Verrats (vgl. Mt 26,25) und dann zum Zeitpunkt der Gefangennahme Jesu (vgl. Mt 26,46.48; Joh 18,2.5). Die Zwölferlisten hingegen erinnern an die bereits begangene Tat des Verrats: »Judas Iskariot, der ihn dann verraten hat«, sagt Markus (3,19); bei Matthäus (10,4) und Lukas (6,16) finden sich ähnliche Formulierungen. Der Verrat als solcher geschah in zwei Momenten: Zunächst in der Planung, als Judas sich mit den Feinden Jesu auf 30 Silberstücke einigte (vgl. Mt 26,14–16), und dann bei der Durchführung der Tat, als er in Getsemani den Meister küsste (vgl. Mt 26,46–50). Auf alle Fälle beharren die Evangelisten auf dem Apostelrang des Judas, der ihm in jeder Hinsicht zukam: Er wird wiederholt »einer der Zwölf« (Mt 26,14.47; Mk 14,10. 20; Joh 6,71) genannt oder »der zu den Zwölf gehörte« (Lk 22,3). Ja, zweimal sagt Jesus »einer von euch«, als er sich an die Apostel wendet und von Judas spricht (Mt 26,21; Mk 14,18; Joh 6,70;13,21). Und Petrus wird über Judas sagen: »Er wurde zu uns gezählt und hatte Anteil am gleichen Dienst« (Apg 1,17).

Es handelt sich also um eine Gestalt, die zum Kreis derer gehörte, die Jesus sich als enge Gefährten und Mitarbeiter erwählt hatte. Das wirft bei dem Versuch, den Geschehnissen eine Erklärung zu geben, zwei Fragen auf. Die erste besteht darin, dass wir uns fragen, weshalb Jesus diesen Mann erwählt und ihm sein Vertrauen geschenkt hat. Denn obwohl Judas für die Kasse der Gruppe verantwortlich war (vgl. Joh 12,6b; 13,29a), wird er tatsächlich auch als »Dieb« bezeichnet (Joh 12,6a). Das Geheimnis der Erwählung bleibt bestehen, umso mehr, als Jesus ein sehr schweres Urteil über ihn spricht: »Weh dem Menschen, durch den der Menschensohn verraten wird!« (Mt 26,24). Noch mehr verdichtet sich das Geheimnis seines ewigen Schicksals durch das Wissen, dass Judas seine Tat reute. »Er brachte den Hohenpriestern und den Ältesten die 30 Silberstücke zurück und sagte: Ich habe gesündigt, ich habe euch einen unschuldigen Menschen ausgeliefert« (Mt 27,3–4). Obwohl er dann wegging, um sich zu erhängen (vgl. Mt 27,5), steht es uns nicht zu, seine Tat ermessen zu wollen und uns damit an die Stelle des unendlich barmherzigen und gerechten Gottes zu setzen.

Eine zweite Frage betrifft den Grund für das Verhalten des Judas: Warum verriet er Jesus? Die Frage ist Gegenstand verschiedener Hypothesen. Einige ziehen den Faktor seiner Geldgier heran. Andere befürworten eine Erklärung auf messianischer Ebene: Judas sei enttäuscht gewesen, als er gesehen habe, dass die politisch-militärische Befreiung seines Landes nicht zu den Plänen Jesu gehörte. In Wirklichkeit aber unterstreichen die Texte der Evangelien einen anderen Aspekt. Johannes sagt ausdrücklich: »Der Teufel hatte Judas, dem Sohn des Simon Iskariot, schon ins Herz gegeben, ihn zu verraten und auszuliefern« (Joh 13,2). Ähnlich schreibt Lukas: »Der Satan aber ergriff Besitz von Judas, genannt Iskariot, der zu den Zwölf gehörte« (Lk 22,3). Auf diese Weise geht man über die historischen Motivationen hinaus und erklärt das Geschehen auf der Grundlage der persönlichen Verantwortung des Judas, der einer Versuchung des Bösen auf erbärmliche Weise nachgab. Der Verrat des Judas bleibt auf jeden Fall ein Geheimnis. Jesus hat ihn als Freund behandelt (vgl. Mt 26,50); bei seinen Aufforderungen, ihm auf dem Weg der Seligpreisungen zu folgen, übte er jedoch niemals Zwang auf den menschlichen Willen aus, noch bewahrte er ihn vor den Versuchungen Satans, und respektierte damit die menschliche Freiheit.

Die Möglichkeiten der Verirrung des menschlichen Herzens sind in der Tat zahlreich. Der einzige Weg, ihnen vorzubeugen, besteht darin, nicht nur eine rein individualistische, autonome Sicht der Dinge zu pflegen, sondern sich im Gegenteil immer wieder aufs Neue auf die Seite Jesu zu stellen und seine Sichtweise anzunehmen. Wir müs-

sen Tag für Tag versuchen, in vollkommener Gemeinschaft mit ihm zu stehen. Erinnern wir uns
daran, dass auch Petrus sich Jesus und dem, was
ihn in Jerusalem erwartete, widersetzen wollte,
wofür er aber eine strenge Zurechtweisung erhielt:
»Du hast nicht das im Sinn, was Gott will, sondern
was die Menschen wollen« (Mk 8,32–33)! Nach seinem Fall bereute Petrus und fand Vergebung und
Gnade. Auch Judas bereute, aber seine Reue artete
in Verzweiflung aus und führte so zur Selbstzer-
störung. Das ist für uns eine Aufforderung, immer
vor Augen zu haben, was der hl. Benedikt am
Schluss des grundlegenden IV. Kapitels seiner Regel sagt: »Und an der Barmherzigkeit Gottes niemals verzweifeln«. Wirklich, Gott »ist größer als
unser Herz«, wie der hl. Johannes sagt (1 Joh
3,20). Halten wir uns daher zwei Dinge vor Augen.
Erstens: Jesus achtet unsere Freiheit. Zweitens: Jesus wartet auf unsere Bereitschaft zur Reue und
zur Umkehr; er ist reich an Barmherzigkeit und
Vergebung. Wenn wir im Übrigen an die negative
Rolle denken, die Judas gespielt hat, müssen wir
sie der höheren Führung der Ereignisse durch
Gott unterordnen. Sein Verrat führte zum Tod Jesu, der die schreckliche Hinrichtung in einen Akt
heilbringender Liebe und in die Hingabe seiner
selbst an den Vater umwandelte (vgl. Gal 2,20;
Eph 5,2.25). Das Verb »überliefern« ist die Übersetzung eines griechischen Wortes, das »hin-
geben« bedeutet. Manchmal ist sein Subjekt sogar

Gott selbst: Er war es, der aus Liebe Jesus für uns alle »hingab« (vgl. Röm 8,32). In seinem geheimnisvollen Heilsplan nimmt Gott die unentschuldbare Tat des Judas als Gelegenheit zur vollkommenen Hingabe des Sohnes für die Erlösung der Welt an.

Zum Schluss wollen wir uns auch an denjenigen erinnern, der nach Ostern anstelle des Verräters gewählt wurde. In der Kirche von Jerusalem wurden zwei Männer von der Gemeinde vorgeschlagen, und dann wurde die Wahl durch das Los entschieden: »Josef, genannt Barsabbas, mit dem Beinamen Justus, und Matthias« (Apg 1,23). Dieser Letztere war der Auserwählte, und er »wurde den elf Aposteln zugerechnet« (Apg 1,26). Von ihm wissen wir nichts anderes, als dass auch er Zeuge des ganzen Lebens Jesu auf Erden war (vgl. Apg 1,21–22) und ihm bis ins Letzte treu blieb. Zur Größe seiner Treue kam dann der Ruf Gottes hinzu, den Platz des Judas einzunehmen, gleichsam um seinen Verrat auszugleichen. Daraus gewinnen wir eine letzte Lehre: Auch wenn in der Kirche unwürdige Christen und Verräter nicht fehlen, ist jeder von uns aufgerufen, ein Gegengewicht zu dem von ihnen begangenen Übel zu schaffen, durch unser klares Zeugnis für Jesus Christus, unseren Herrn und Erlöser.

(18. Oktober 2006)

III. Weitere Apostel und Mitarbeiter

Paulus von Tarsus

Liebe Brüder und Schwestern!
Wir haben unsere Betrachtungen zu den zwölf
Aposteln, die von Jesus während seines Lebens auf
Erden berufen worden sind, abgeschlossen. Heute
beginnen wir, uns den Gestalten anderer wichtiger
Persönlichkeiten der Urkirche zuzuwenden. Auch
sie haben ihr Leben für den Herrn, für das Evan-
gelium und für die Kirche hingegeben. Es handelt
sich um Männer und auch um Frauen, die, wie
Lukas in der Apostelgeschichte schreibt, »für den
Namen Jesu Christi, unseres Herrn, ihr Leben ein-
gesetzt haben« (15,26).

Der Erste von ihnen, der vom auferstandenen
Herrn selbst dazu berufen wurde, auch ein wahrer
Apostel zu sein, ist zweifellos Paulus von Tarsus.
Er leuchtet in der Kirchengeschichte wie ein Stern
erster Größe, und dies nicht nur in der Geschichte
der Urkirche. Der hl. Johannes Chrysostomos
preist ihn als eine Persönlichkeit, die sogar viele
Engel und Erzengel übertrifft (vgl. *Panegyrikos* 7,3).
Dante Alighieri lässt sich vom Bericht des Lukas in
der Apostelgeschichte (vgl. 9,15) inspirieren, wenn
er ihn in der *Göttlichen Komödie* »vaso di elezione –
Gefäß der Erwählung« nennt (*Hölle* 2,28), was

»von Gott auserwähltes Werkzeug« bedeutet. Andere haben ihn den »dreizehnten Apostel« genannt – und in der Tat besteht er selbst nachdrücklich darauf, ein echter Apostel zu sein, da er vom Auferstandenen berufen wurde – oder sogar »der Erste nach dem Einzigen«. Sicher ist er in der Anfangszeit der Kirche nach Jesus die Persönlichkeit, über die wir am meisten wissen. Wir besitzen nämlich nicht nur den Bericht des Lukas über ihn in der Apostelgeschichte, sondern auch eine Reihe von Briefen, die direkt aus seiner Hand stammen und uns unmittelbar seine Persönlichkeit und sein Denken enthüllen. Lukas teilt uns mit, dass sein ursprünglicher Name »Saulus« lautete (vgl. Apg 7,58; 8,1 usw.), auf Hebräisch »Saul« (vgl. Apg 9,4.17; 22,7.13; 26,14), wie König Saul (vgl. Apg 13,21), und dass er ein Diasporajude war, da die Stadt Tarsus an der Grenze zwischen Anatolien und Syrien lag. Er war bereits sehr früh nach Jerusalem gegangen, um zu Füßen des großen Rabbi Gamaliël das mosaische Gesetz genau zu studieren (vgl. Apg 22,3). Er hatte auch ein grobes Handwerk gelernt, das des Zeltmachers (vgl. Apg 18,3), was ihm später ermöglichen sollte, persönlich für seinen Lebensunterhalt aufzukommen, ohne den Gemeinden zur Last zu fallen (vgl. Apg 20,34; 1 Kor 4,12; 2 Kor 12,13–14).

Es war für ihn ein entscheidender Moment, als er die Gemeinschaft derer kennenlernte, die sich als Jünger Jesu bekannten. Von ihnen erfuhr er von einem neuen Glauben – einem neuen »Weg«, wie man sagte –, der nicht so sehr das Gesetz Gottes in den Mittelpunkt stellte, als vielmehr die Person des gekreuzigten und auferstandenen Jesus, mit dem nun die Vergebung der Sünden verbunden wurde. Als eifernder Jude hielt Saulus diese Botschaft für unannehmbar, ja für skandalös, und fühlte sich daher verpflichtet, die Anhänger Christi auch außerhalb Jerusalems zu verfolgen. Zu Beginn der Dreißigerjahre des ersten Jahrhunderts wurde Saulus auf dem Weg nach Damaskus nach seinen eigenen Worten »von Christus ergriffen« (Phil 3,12). Während Lukas in allen Einzelheiten von der Begebenheit berichtet – wie das Licht des Auferstandenen Saulus berührt und sein ganzes Leben von Grund auf verändert habe –, geht er selbst in seinen Briefen sofort auf das Wesentliche ein und spricht nicht nur von einer Vision (vgl. 1 Kor 9,1), sondern von einer Erleuchtung (vgl. 2 Kor 4,6) und vor allem von einer Offenbarung und Berufung in der Begegnung mit dem Auferstandenen (vgl. Gal 1,15–16). Tatsächlich wird er sich ausdrücklich als »berufener Apostel« (vgl. Röm 1,1; 1 Kor 1,1) oder »Apostel durch Gottes Willen« (2 Kor 1,1; Eph 1,1; Kol 1,1) bezeichnen, um damit gleichsam zu betonen, dass seine Bekehrung nicht das Ergebnis eines Denk- und Reflexionsprozesses war, sondern die Frucht eines göttlichen Eingreifens, einer unvorhersehbaren göttlichen Gnade.

Von da an wurde nach seinen eigenen Worten alles, was vorher für ihn einen Gewinn darstellte, paradoxerweise zu Verlust und Unrat (vgl. Phil 3,7–10). Und von jenem Augenblick an stellte er alle seine Kräfte ausschließlich in den Dienst Jesu Christi und seines Evangeliums. Nun wird sein Leben das eines Apostels, der vorbehaltlos »allen alles werden« möchte (vgl. 1 Kor 9,22). Daraus ergibt sich für uns eine sehr wichtige Lehre: Das, worauf es ankommt, ist, Jesus Christus in den Mittelpunkt des eigenen Lebens zu stellen, sodass unsere Identität im Wesentlichen von der Begegnung, von der Gemeinschaft mit Christus und seinem Wort geprägt wird. In seinem Licht wird jeder andere Wert bewahrt und gleichzeitig von möglicherweise vorhandenen Unreinheiten befreit.

Eine andere grundlegende Lehre, die uns Paulus vermittelt, ist der universale Atem, der sein Apostolat auszeichnet. Als besonders dringlich empfand er das Problem des Zugangs der Heiden zu Gott, der in dem gekreuzigten und auferstandenen Jesus Christus allen Menschen ohne Ausnahme das Heil anbietet. Deshalb widmete er sich selbst der Aufgabe, dieses Evangelium, wörtlich die »gute Botschaft«, bekanntzumachen, das heißt die Botschaft der Gnade, die dazu bestimmt ist, den Menschen mit Gott, mit sich selbst und mit den anderen zu versöhnen. Er hatte vom ersten Augenblick an verstanden, dass dies eine Wirklichkeit war, die nicht nur die Juden betraf oder eine bestimmte Personengruppe, sondern dass sie universale Bedeutung hatte und alle betraf, weil Gott der Gott aller ist. Ausgangspunkt für seine Reisen war die Gemeinde von Antiochia in Syrien, wo zum ersten Mal das Evangelium den Griechen verkündet wurde und wo auch der Name »Christen« geprägt wurde (vgl. Apg 11,20.26), mit dem die gemeint sind, die an Christus glauben. Von dort brach er zunächst nach Zypern auf und reiste danach mehrmals in die Regionen Kleinasiens (Pisidien, Lykaonien, Galatien) und später nach Europa (Mazedonien, Griechenland). Die wichtigsten Städte waren Ephesus, Philippi, Thessalonich, Korinth, nicht zu vergessen Beröa, Athen und Milet.

Das Apostolat des Paulus blieb nicht verschont von Schwierigkeiten, die er aus Liebe zu Christus mutig auf sich nahm. Er erwähnt selbst, dass er »Mühsal ertrug ... im Gefängnis war ... geschlagen wurde, oft in Todesgefahr war ...: Dreimal wurde ich ausgepeitscht, einmal gesteinigt, dreimal erlitt ich Schiffbruch ... Ich war oft auf Reisen, gefährdet durch Flüsse, gefährdet durch Räuber, gefährdet durch das eigene Volk, gefährdet durch Heiden, gefährdet in der Stadt, gefährdet in der Wüste, gefährdet auf dem Meer, gefährdet durch falsche Brüder. Ich erduldete Mühsal und Plage, durchwachte viele Nächte, ertrug Hunger und Durst, häufiges Fasten, Kälte und Blöße. Um von allem andern zu schweigen, weise ich noch auf den täglichen Andrang zu mir und die Sorge für alle Gemeinden hin« (2 Kor 11,23–38). Aus einem Abschnitt des Römerbriefes (vgl. 15,24.28) geht seine Absicht hervor, bis nach Spanien, zur äußersten Grenze des Abendlandes, zu gelangen, um überall, bis an die Grenzen der damals bekannten Welt, das Evangelium zu verkünden. Wie sollte man einen solchen Mann nicht bewundern? Wie sollte man dem Herrn nicht dafür danken, dass er uns einen Apostel von diesem Format geschenkt hat? Es ist klar, dass es ihm nicht möglich gewesen wäre, so schwierigen und manchmal verzweifelten Situationen entgegenzutreten, wenn es nicht einen Grund von absolutem Wert gegeben hätte, angesichts dessen keine Grenze für unüberwindbar gehalten werden konnte. Für Paulus ist dieser Grund, wie wir wissen, Jesus Christus, von dem er schreibt: »Denn die Liebe Christi drängt uns ... damit die Lebenden nicht mehr für sich leben, sondern für den, der für sie« – für uns, für alle – »starb und auferweckt wurde« (2 Kor 5,14–15).

In der Tat wird der Apostel unter Kaiser Nero hier in Rom, wo wir seine sterblichen Überreste bewahren und verehren, das äußerste Zeugnis des Blutes ablegen. So schrieb über ihn Clemens von Rom, mein Vorgänger auf diesem Apostolischen Stuhl, am Ende des ersten Jahrhunderts: »Wegen Eifersucht und Streit hat Paulus den Beweis seiner Ausdauer erbracht ... Er hatte die ganze Welt Gerechtigkeit gelehrt, war bis in den äußersten Westen vorgedrungen und hatte vor den Machthabern sein Zeugnis abgelegt; so wurde er weggenommen von dieser Welt und ging ein in den heiligen Ort, das größte Beispiel der Geduld« (*An die Korinther*, 5). Der Herr helfe uns, die Aufforderung in die Tat umzusetzen, die uns der Apostel in seinen Briefen hinterlassen hat: »Nehmt mich zum Vorbild, wie ich Christus zum Vorbild nehme« (1 Kor 11,1).

(25. Oktober 2006)

Paulus und die zentrale Bedeutung Jesu Christi

Liebe Brüder und Schwestern!
In der letzten Katechese vor vierzehn Tagen habe ich versucht, die wesentlichen Züge der Biographie des Apostels Paulus nachzuzeichnen. Wir haben gesehen, wie die Begegnung mit Christus auf der Straße nach Damaskus sein Leben buchstäblich »revolutioniert« hat. Christus wurde der Sinn seines Daseins und der tiefe Beweggrund für seine ganze apostolische Arbeit. Nach dem Namen Gottes, der über 500-mal vorkommt, wird in seinen Briefen am häufigsten der Name Christi genannt (380-mal). Es ist daher wichtig, dass wir uns bewusst werden, wie sehr Jesus Christus das Leben eines Menschen und auch unser eigenes Leben prägen kann. Tatsächlich ist Jesus Christus der Höhepunkt der Heilsgeschichte und daher der wirklich entscheidende Punkt auch im Dialog mit den anderen Religionen.

Im Hinblick auf Paulus könnten wir die grundlegende Frage folgendermaßen formulieren: Wie vollzieht sich die Begegnung eines Menschen mit Christus? Und worin besteht die daraus erwachsende Beziehung? In der Antwort, die Paulus gibt, lassen sich zwei verschiedene Momente wahrnehmen. An erster Stelle hilft uns Paulus, den absolut grundlegenden und unersetzlichen Wert des Glaubens zu verstehen. So schreibt er im Brief an die Römer: »Denn wir sind der Überzeugung, dass der Mensch gerecht wird durch Glauben, unabhängig von Werken des Gesetzes« (3,28). Und ebenso auch im Brief an die Galater: »Weil wir aber erkannt haben, dass der Mensch nicht durch Werke des Gesetzes gerecht wird, sondern durch den Glauben an Jesus Christus, sind auch wir dazu gekommen, an Christus Jesus zu glauben, damit wir gerecht werden durch den Glauben an Christus, und nicht durch Werke des Gesetzes; denn durch Werke des Gesetzes wird niemand gerecht« (2,16). »Gerecht werden« heißt »gerecht gemacht werden«, also angenommen zu sein von der barmherzigen Gerechtigkeit Gottes, mit ihm in Gemeinschaft zu treten und infolgedessen eine viel authentischere Beziehung zu allen unseren Brüdern herstellen zu können, auf der Grundlage einer vollkommenen Vergebung unserer Sünden. Paulus sagt also in aller Deutlichkeit, dass dieser Daseinszustand nicht von etwaigen guten Werken unsererseits abhängt, sondern rein von der Gnade Gottes: »Ohne es verdient zu haben, werden sie gerecht, dank seiner Gnade, durch die Erlösung in Christus Jesus« (Röm 3,24).

Mit diesen Worten bringt der hl. Paulus den grundlegenden Inhalt seiner Bekehrung zum Ausdruck, die neue Ausrichtung seines Lebens, die seiner Begegnung mit dem auferstandenen Christus entspringt. Vor seiner Bekehrung war Paulus keineswegs ein Mensch, der Gott und seinem Gesetz fernstand. Im Gegenteil, er war ein strenggläubiger Jude, treu gegenüber den Vorschriften bis hin zum Fanatismus. Im Licht der Begegnung mit Christus verstand er jedoch, dass er auf diese Weise versucht hatte, sich selbst und seine eigene Gerechtigkeit aufzubauen, und dass er mit dieser ganzen Gerechtigkeit nur für sich selbst gelebt hatte. Er verstand, dass eine neue Ausrichtung seines Lebens absolut notwendig war. Und diese neue Ausrichtung finden wir in seinen Worten ausgedrückt: »Soweit ich aber jetzt noch in dieser Welt lebe, lebe ich im Glauben an den Sohn Gottes, der mich geliebt und sich für mich hingegeben hat« (Gal 2,20). Paulus lebt also nicht mehr für sich selbst und für seine Gerechtigkeit. Er lebt aus Christus und mit Christus, indem er sich selbst hingibt und nicht mehr sich selbst sucht und die eigene Person aufbaut. Das ist die neue Gerechtigkeit, die neue Ausrichtung, die uns vom Herrn und durch den Glauben geschenkt wird. Vor dem Kreuz Christi, dem höchsten Ausdruck seiner Selbsthingabe, gibt es niemanden, der sich selbst und seine eigene, selbstgemachte und für sich selbst geschaffene Gerechtigkeit rühmen könnte! An anderer Stelle erläutert Paulus diesen Gedanken, indem er in Anlehnung an Jeremia schreibt: »Wer sich also rühmen will, der rühme sich des Herrn« (1 Kor 1,31; vgl. Jer 9,22f); oder: »Ich aber will mich allein des Kreuzes Jesu Christi, unseres Herrn, rühmen, durch das mir die Welt gekreuzigt ist und ich der Welt« (Gal 6,14).

Beim Nachdenken darüber, was Rechtfertigung – Rechtfertigung nicht durch die Werke, sondern durch den Glauben – bedeutet, sind wir somit beim zweiten Moment angelangt, das die vom hl. Paulus in seinem eigenen Leben beschriebene christliche Identität definiert. Die christliche Identität setzt sich aus zwei Elementen zusammen: sich nicht selbst zu suchen, sondern sich von Christus zu empfangen und sich mit Christus hinzugeben und so persönlich am Geschehen Christi teilzunehmen, bis hin zum Versenken in ihn und zur Teilhabe an seinem Tod ebenso wie an seinem Leben. Eben das schreibt Paulus im Brief an die Römer: Wir sind »auf seinen Tod getauft worden ... wir wurden mit ihm begraben ... mit ihm ... vereinigt ... So sollt auch ihr euch als Menschen begreifen, die für die Sünde tot sind, aber für Gott leben in Christus Jesus« (Röm 6,3.4.5.11). Gerade dieser letzte Satz ist bezeichnend: Für Paulus ist es nämlich nicht genug zu sagen, dass die Christen Getaufte oder Gläubige sind; für ihn ist es ebenso wichtig zu sagen, dass sie »in Christus Jesus« sind (vgl. auch Röm 8,1.2.39; 12,5; 16,3.7.10; 1 Kor 1,2.3; usw.). An anderen Stellen kehrt er die Worte um und schreibt: »Christus ist in uns/euch« (vgl. Röm 8,10; 2 Kor 13,5) oder »in mir«

(Gal 2,20). Dieses gegenseitige Durchdrungensein von Christus und dem Christen, das für die Lehre des Paulus charakteristisch ist, vervollständigt das, was er über den Glauben sagt. Obwohl uns nämlich der Glaube tief mit Christus vereint, lässt er den Unterschied zwischen ihm und uns deutlich hervortreten. Aber nach Paulus gibt es im Leben des Christen auch ein Element, das wir »mystisch« nennen können, da es eine Identifizierung mit Christus unsererseits und mit uns von Seiten Christi einschließt. In diesem Sinn geht der Apostel sogar so weit, unsere Leiden als »Leiden Christi«, die uns »zuteil geworden sind« (2 Kor 1,5), zu bezeichnen, denn »wohin wir auch kommen, immer tragen wir das Todesleiden Jesu an unserem Leib, damit auch das Leben Jesu an unserem Leib sichtbar wird« (2 Kor 4,10).

All das müssen wir in unser Alltagsleben hineintragen, indem wir dem Beispiel des Paulus folgen, der immer mit dieser großen geistlichen Weite gelebt hat. Einerseits muss uns der Glaube in einer ständigen Haltung der Demut, ja der Anbetung und des Lobes gegenüber Gott erhalten. Was wir als Christen sind, verdanken wir nämlich nur ihm und seiner Gnade. Da nichts und niemand seinen Platz einnehmen kann, ist es daher notwendig, dass wir nichts anderem und niemandem anderen die Verehrung entgegenbringen, die wir ihm entgegenbringen. Kein Götze darf unser geistliches Universum verunreinigen, denn sonst würden wir, anstatt die erworbene Freiheit zu genießen, in eine Form entwürdigender Knechtschaft zurückfallen. Andererseits muss unsere radikale Zugehörigkeit zu Christus und die Tatsache, dass »wir in ihm sind«, uns eine Haltung vollkommenen Vertrauens und unermesslicher Freude einflößen. Letztlich müssen wir nämlich mit dem hl. Paulus ausrufen: »Ist Gott für uns, wer ist dann gegen uns?« (Röm 8,31). Und die Antwort darauf ist: Nichts und niemand kann »uns scheiden von der Liebe Gottes, die in Christus Jesus ist, unserem Herrn« (Röm 8,39). Unser christliches Leben ist also auf den stärksten und sichersten Felsen gegründet, den man sich vorstellen kann. Und aus ihm beziehen wir unsere ganze Kraft, genau wie der Apostel schreibt: »Alles vermag ich durch ihn, der mir Kraft gibt« (Phil 4,13).

Gestützt von diesen großen Empfindungen, die Paulus uns mitteilt, nehmen wir also unser Leben in Angriff, mit seinen Freuden und seinen Leiden. Wenn wir diese Empfindungen selbst erfahren, werden wir verstehen können, wie wahr das ist, was der Apostel schreibt: »Ich weiß, wem ich Glauben geschenkt habe, und ich bin überzeugt, dass er die Macht hat, das mir anvertraute Gut bis zu jenem Tag zu bewahren« (2 Tim 1,12), das heißt bis zum Tag unserer endgültigen Begegnung mit Christus, dem Richter, dem Erlöser der Welt und unserem Erlöser.

(8. November 2006)

Paulus und der Heilige Geist
in unseren Herzen

Liebe Brüder und Schwestern!
Auch heute kommen wir, wie schon in den beiden
vorangegangenen Katechesen, auf den hl. Paulus
und sein Denken zurück. Wir haben hier einen
wirklich großen Heiligen vor uns, nicht nur im
Hinblick auf das konkrete Apostolat, sondern auch
hinsichtlich seiner außergewöhnlich tiefen und reiche Anregungen vermittelnden theologischen Lehre. Nachdem wir das letzte Mal darüber nachgedacht haben, was Paulus über die zentrale
Stellung, die Jesus Christus in unserem Glaubensleben einnimmt, geschrieben hat, wollen wir heute
betrachten, was er über den Heiligen Geist und seine Gegenwart in uns lehrt; denn auch hier hat uns
der Apostel etwas sehr Bedeutsames zu sagen.
  Wir wissen, was der hl. Lukas bei der Beschreibung des Pfingstereignisses in der Apostelgeschichte über den Heiligen Geist sagt. Der Pfingst-
geist bringt einen starken Anstoß mit sich, die
Aufgabe der Mission anzunehmen, um das Evangelium auf den Straßen der Welt zu bezeugen. Tatsächlich berichtet die Apostelgeschichte von einer
ganzen Reihe von Missionen, die von den Aposteln durchgeführt wurden, zuerst in Samarien,

dann entlang der Küste Palästinas, dann weiter bis nach Syrien. Berichtet wird vor allem von den drei großen Missionsreisen des Paulus, wie ich schon bei einer der letzten Mittwochsaudienzen erwähnt habe. Der hl. Paulus aber spricht in seinen Briefen auch unter einem anderen Blickwinkel über den Heiligen Geist. Er beschränkt sich nicht darauf, nur die dynamische und handelnde Dimension der dritten Person der Heiligsten Dreifaltigkeit zu beschreiben, sondern er erklärt auch die Gegenwart des Geistes im Leben des Christen, dessen Identität durch ihn gekennzeichnet ist. Mit anderen Worten, Paulus denkt über den Heiligen Geist nach, indem er dessen Einfluss nicht nur auf das Handeln, sondern auch auf das Sein des Christen darlegt. In der Tat ist er es, der uns sagt, dass der Geist Gottes in uns wohnt (vgl. Röm 8,9; 1 Kor 3,16) und dass »Gott den Geist seines Sohnes in unser Herz« sandte (Gal 4,6). Für Paulus prägt uns also der Geist bis in die innersten Tiefen unseres persönlichen Seins. Dazu einige seiner Worte, denen besondere Bedeutung zukommt: »Denn das Gesetz des Geistes und des Lebens in Christus Jesus hat dich frei gemacht vom Gesetz der Sünde und des Todes ... Denn ihr habt nicht einen Geist empfangen, der euch zu Sklaven macht, sodass ihr euch immer noch fürchten müsstet, sondern ihr habt den Geist empfangen, der euch zu Söhnen macht, den Geist, in dem wir rufen: Abba, Vater!« (Röm 8,2.15); da wir seine Kinder sind, dürfen wir zu Gott »Vater« sagen. Man sieht also deutlich, dass der Christ, noch bevor er handelt, bereits eine reiche und fruchtbare Innerlichkeit besitzt, die ihm durch die Sakramente der Taufe und der Firmung geschenkt worden ist, eine Innerlichkeit, die ihn in eine objektive und ursprüngliche Beziehung der Kindschaft gegenüber Gott stellt. Darin besteht unsere große Würde: nicht nur Ebenbild, sondern Kinder Gottes zu sein. Und das ist eine Einladung, unsere Kindschaft zu leben, uns immer mehr bewusst zu sein, dass wir Kinder in der großen Familie Gottes sind. Es ist eine Einladung, dieses objektive Geschenk in eine subjektive Wirklichkeit zu verwandeln, die für unser Denken, unser Handeln und unser Sein maßgebend ist. Gott betrachtet uns als seine Kinder, denn er hat uns zu einer Würde erhoben, die der Würde Jesu, des einzigen wahren Sohnes im vollen Sinn, ähnlich, wenn auch nicht gleich ist. In ihm wird uns die Kindschaft und die vertrauensvolle Freiheit in Beziehung zum Vater geschenkt oder auch zurückgegeben.

So entdecken wir, dass für den Christen der Geist nicht mehr nur der »Geist Gottes« ist, wie es gewöhnlich im Alten Testament heißt und im christlichen Sprachgebrauch beibehalten wird (vgl. Gen 41,38; Ex 31,3; 1 Kor 2,11.12; Phil 3,3; usw.). Und ebensowenig ist er nur ein im allgemeinen Sinne verstandener »heiliger Geist«, nach der Ausdrucksweise des Alten Testaments (vgl. Jes

63,10.11; Ps 51,13) und der Schriften des Judentums (Qumran, rabbinische Lehre). Zur Besonder-
heit des christlichen Glaubens gehört in der Tat
das Bekenntnis einer ursprünglichen Mitteilung
dieses Geistes seitens des auferstandenen Herrn,
der selbst »lebendigmachender Geist« geworden
ist (1 Kor 15,45). Gerade deshalb spricht der hl.
Paulus unmittelbar vom »Geist Christi« (Röm
8,9), vom »Geist des Sohnes« (Gal 4,6) oder vom
»Geist Jesu Christi« (Phil 1,19). Es ist, als wollte er
sagen, dass nicht nur Gott Vater im Sohn sichtbar
ist (vgl. Joh 14,9), sondern dass auch der Geist
Gottes im Leben und im Wirken des gekreuzigten
und auferstandenen Herrn zum Ausdruck
kommt!

Und noch etwas Wichtiges lehrt uns Paulus: Er
sagt, dass es ohne die Gegenwart des Geistes in
uns kein echtes Gebet gibt. Er schreibt nämlich:
»So nimmt sich auch der Geist unserer Schwach-
heit an. Denn wir wissen nicht, worum wir in
rechter Weise beten sollen« – wie wahr ist es doch,
dass wir nicht wissen, wie wir mit Gott sprechen
sollen! –, »der Geist selber tritt jedoch für uns ein
mit Seufzen, das wir nicht in Worte fassen können. Und Gott, der die Herzen erforscht, weiß,
was die Absicht des Geistes ist: Er tritt so, wie Gott
es will, für die Heiligen ein« (Röm 8,26–27). Es
ist, als würde man sagen, dass der Heilige Geist,
also der Geist des Vaters und des Sohnes, nun-
mehr wie die Seele unserer Seele ist, der geheims-

te Teil unseres Seins, aus dem ununterbrochen eine Bewegung des Gebets zu Gott aufsteigt, die wir nicht einmal genau bestimmen können. Der Geist, der in uns immer wach ist, gleicht nämlich unsere Mängel aus und bringt dem Vater unsere Anbetung und unsere tiefsten Wünsche dar. Natürlich erfordert das eine tiefe und lebendige Gemeinschaft mit dem Heiligen Geist. Das ist eine Einladung, immer empfänglicher, immer aufmerksamer für diese Gegenwart des Geistes in uns zu sein, sie in Gebet zu verwandeln, diese Gegenwart zu spüren und so beten zu lernen – zu lernen, als Kinder im Heiligen Geist mit dem Vater zu sprechen.

Aber es gibt noch einen anderen charakteristischen Aspekt des Geistes, den uns der hl. Paulus erklärt: seine Verbindung mit der Liebe. So schreibt der Apostel: »Die Hoffnung aber lässt nicht zugrundegehen; denn die Liebe Gottes ist ausgegossen in unsere Herzen durch den Heiligen Geist, der uns gegeben ist« (Röm 5,5). In meiner Enzyklika *Deus caritas est* habe ich einen sehr ausdrucksstarken Satz des hl. Augustinus zitiert: »Wenn du die Liebe siehst, siehst du die Heiligste Dreifaltigkeit« (Nr. 19), und habe weiter erklärt: »Der Geist ist nämlich die innere Kraft, die das Herz [der Gläubigen] mit dem Herzen Christi in Einklang bringt und sie bewegt, die Mitmenschen so zu lieben, wie er sie geliebt hat« (ebd.). Der Geist führt uns ein in den Rhythmus des göttlichen Lebens, das ein Leben der Liebe ist, und lässt uns so persönlich an den Beziehungen zwischen Vater und Sohn teilhaben. Es ist nicht ohne Bedeutung, dass Paulus, als er die verschiedenen Früchte des Geistes aufzählt, an die erste Stelle die Liebe setzt: »Die Frucht des Geistes ist Liebe, Freude, Friede (usw.)« (Gal 5,22). Und da die Liebe von ihrem Wesen her vereint, heißt dies vor allem, dass der Geist innerhalb der christlichen Gemeinde Schöpfer von Gemeinschaft ist, wie wir zu Beginn der heiligen Messe mit einem Wort des Paulus sagen: » … die Gemeinschaft des Heiligen Geistes [das heißt jene Gemeinschaft, die von ihm bewirkt wird] sei mit euch« (2 Kor 13,13). Andererseits ist es jedoch auch wahr, dass uns der Geist dazu anspornt, Beziehungen der Liebe zu anderen Menschen zu knüpfen. Wenn wir also lieben, geben wir dem Geist Raum, gestatten wir ihm, vollkommenen Ausdruck zu finden. So versteht man, warum Paulus im selben Kapitel des Römerbriefes die beiden Ermahnungen nebeneinanderstellt: »Lasst euch vom Geist entflammen« und: »Vergeltet niemand Böses mit Bösem« (Röm 12,11.17).

Schließlich ist der Geist nach dem hl. Paulus ein reiches Unterpfand, das uns von Gott selbst als erster Anteil und zugleich als Gewährleistung unseres künftigen Erbes gegeben worden ist (vgl. 2 Kor 1,22; 5,5; Eph 1,13–14). So lernen wir von Paulus, dass das Wirken des Geistes unser Leben auf die großen Werte der Liebe, der Freude, der

Gemeinschaft und der Hoffnung ausrichtet. An uns liegt es, jeden Tag diese Erfahrung zu machen, indem wir den inneren Anregungen des Heiligen Geistes folgen, bei der Unterscheidung unterstützt und erleuchtet von der Führung des Apostels.

(15. November 2006)

Paulus und das Leben der Kirche

Liebe Brüder und Schwestern!
Heute schließen wir unsere Begegnungen mit dem
Apostel Paulus ab und widmen ihm eine letzte Betrachtung. Wir können in der Tat nicht von ihm Ab-
schied nehmen, ohne auf ein entscheidendes Element seines Wirkens und eines der wichtigsten
Themen seines Denkens einzugehen: die Wirklichkeit der Kirche. Wir müssen vor allem feststellen,
dass seine erste Begegnung mit der Person Jesu
durch das Zeugnis der christlichen Gemeinde von
Jerusalem geschah. Es war eine heftige Begegnung.
Kaum hatte er die neue Gruppe von Gläubigen kennengelernt, wurde er sogleich zu ihrem leiden-
schaftlichen Verfolger. Das bekennt er selbst an drei
Stellen in drei verschiedenen Briefen: »Ich habe die
Kirche Gottes verfolgt«, schreibt er (vgl. 1 Kor 15,9;
Gal 1,13; Phil 3,6), um gleichsam sein Verhalten als
das schlimmste Verbrechen darzustellen.

Die Geschichte zeigt uns, dass man normaler-
weise durch die Kirche zu Jesus kommt! In gewissem Sinne bewahrheitete sich das, wie gesagt,
auch bei Paulus, der vor der Begegnung mit Jesus
zuerst der Kirche begegnete. Diese Begegnung
war in seinem Fall jedoch kontraproduktiv; sie be-

wirkte keine Zustimmung, sondern heftige Ablehnung. Die Zustimmung zur Kirche wurde im Fall des Paulus von einem direkten Eingreifen Christi bestimmt, der sich, als er sich ihm auf dem Weg nach Damaskus offenbarte, mit der Kirche identifizierte und ihm zu verstehen gab, dass die Kirche zu verfolgen bedeutete, ihn, den Herrn, zu verfolgen. In der Tat sagte der Auferstandene zu Paulus, dem Verfolger der Kirche: »Saul, Saul, warum verfolgst du mich?« (Apg 9,4). Indem er die Kirche verfolgte, verfolgte er Christus. Paulus bekehrte sich also gleichzeitig zu Christus und zur Kirche. Von daher versteht man, warum die Kirche später in den Gedanken, im Herzen und im Wirken des Paulus so gegenwärtig war. Das war vor allem deshalb so, weil er in den verschiedenen Städten, in die er sich als Verkünder des Evangeliums begab, im wahrsten Sinn des Wortes viele Kirchen gründete. Wenn er von seiner »Sorge für alle Gemeinden« (2 Kor 11,28) spricht, denkt er an die verschiedenen christlichen Gemeinden, die nach und nach in Galatien, in Ionien, in Mazedonien und in Achaia entstanden waren. Einige jener Kirchen bereiteten ihm auch Sorgen und Kummer, wie dies zum Beispiel in den Gemeinden Galatiens der Fall war, die er sich »einem anderen Evangelium« zuwenden sah (Gal 1,6). Er stellte sich dem mit großer Entschlossenheit entgegen. Mit den von ihm gegründeten Gemeinden fühlte er sich jedoch nicht in gleichgültiger und bürokratischer, sondern in inniger und leidenschaftlicher Weise verbunden. So bezeichnet er zum Beispiel die Philipper als »meine geliebten Brüder, nach denen ich mich sehne, meine Freude und mein Ehrenkranz« (Phil 4,1). Manchmal vergleicht er die verschiedenen Gemeinden mit einem Empfehlungsschreiben, das einzig ist in seiner Art: »Unser Empfehlungsschreiben seid ihr; es ist eingeschrieben in unser Herz, und alle Menschen können es lesen und verstehen« (2 Kor 3,2). Wieder an anderen Stellen zeigt er ihnen gegenüber nicht nur ein echtes Gefühl der Vaterschaft, sondern sogar der Mutterschaft, wenn er sich an seine Adressaten wendet mit den Worten: »meine Kinder, für die ich von Neuem Geburtswehen erleide, bis Christus in euch Gestalt annimmt« (Gal 4,19; vgl. auch 1 Kor 4,14–15; 1 Thess 2,7–8).

In seinen Briefen erläutert uns Paulus auch seine Lehre über die Kirche als solche. So ist seine originäre Definition der Kirche als »Leib Christi« wohlbekannt, die wir bei keinem anderen christlichen Autor des 1. Jahrhunderts finden (vgl. 1 Kor 12,27; Eph 4,12; 5,30; Kol 1,24). Die tiefste Wurzel dieser überraschenden Bezeichnung für die Kirche finden wir im Sakrament des Leibes Christi. Der hl. Paulus sagt: »Ein Brot ist es. Darum sind wir viele ein Leib« (1 Kor 10,17). In der Eucharistie gibt uns Christus seinen Leib und macht uns zu seinem Leib. In diesem Sinn sagt der hl. Paulus zu den Galatern: »Ihr alle seid ›einer‹ in Christus«

(Gal 3,28). Mit all dem gibt Paulus uns zu verstehen, dass es nicht nur eine Zugehörigkeit der Kirche zu Christus gibt, sondern auch eine gewisse Art der »Ineinssetzung« und Identifizierung der Kirche mit Christus selbst. Darin also hat das Große und Edle der Kirche, und damit das Große und Edle von uns allen, die wir ihr angehören, seinen Ursprung: dass wir Glieder Christi sind, gleichsam eine Erweiterung seiner persönlichen Gegenwart in der Welt. Und daraus folgt natürlich unsere Pflicht, wirklich in Übereinstimmung mit Christus zu leben. Daraus ergeben sich auch die Ermahnungen des Paulus hinsichtlich der verschiedenen Charismen, die die christliche Gemeinde beseelen und ihr eine Struktur geben. Sie lassen sich alle auf eine einzige Quelle zurückführen, die der Geist des Vaters und des Sohnes ist, wobei man wohl weiß, dass es in der Kirche niemanden gibt, der ohne Charismen ist, wie der Apostel schreibt: »Jedem aber wird die Offenbarung des Geistes geschenkt, damit sie anderen nützt« (1 Kor 12,7). Wichtig ist jedoch, dass alle Charismen zum Aufbau der Gemeinde zusammenwirken und nicht zur Ursache von Spaltungen werden. In diesem Zusammenhang stellt Paulus die rhetorische Frage: »Ist denn Christus zerteilt?« (1 Kor 1,13). Er weiß gut und lehrt uns, dass es notwendig ist, »die Einheit des Geistes zu wahren durch den Frieden, der euch zusammenhält. Ein Leib und ein Geist, wie euch durch eure

Berufung auch eine gemeinsame Hoffnung gegeben ist« (Eph 4,3–4).

Die Notwendigkeit der Einheit hervorzuheben bedeutet natürlich nicht, dafür einzutreten, dass das kirchliche Leben nach einer einzigen Vorgehensweise einförmig gemacht oder verflacht werden sollte. An einer anderen Stelle lehrt Paulus, »den Geist nicht auszulöschen« (vgl. 1 Thess 5,19), also der unvorhersehbaren Dynamik der charismatischen Offenbarungen des Geistes, der Quelle immer neuer Energie und Lebenskraft ist, großzügig Raum zu schaffen. Wenn es aber ein Kriterium gibt, auf das Paulus großen Wert legt, so ist es die gegenseitige Erbauung: »Alles geschehe so, dass es aufbaut« (1 Kor 14,26). Alles muss dazu beitragen, das kirchliche Gefüge in geordneter Weise aufzubauen, und zwar nicht nur ohne Stillstand, sondern auch ohne Kehrtwendungen und ohne Brüche. Es gibt dann auch einen Paulusbrief, der die Kirche als Braut Christi beschreibt (vgl. Eph 5,21–33). Damit wird eine alte Metapher der Propheten wieder aufgenommen, die das Volk Israel zur Braut des Bundesgottes machte (vgl. Hos 2,4.21; Jes 54,5–8): Dies geschieht, um deutlich zu machen, wie innig die Beziehungen zwischen Christus und seiner Kirche sind, sowohl in dem Sinne, dass sie Objekt zärtlichster Liebe von Seiten ihres Herrn ist, als auch in dem Sinne, dass die Liebe gegenseitig sein muss und dass somit auch wir als Glieder der Kirche leidenschaftliche Treue zu ihm zeigen müssen.

Letztendlich geht es also um eine Gemein-
schaftsbeziehung: um die sozusagen »vertikale«
Beziehung zwischen Jesus Christus und uns allen, aber auch um jene »horizontale« Beziehung
zwischen all jenen, die sich in der Welt dadurch
auszeichnen, dass sie »den Namen Jesu Christi,
unseres Herrn, überall anrufen« (1 Kor 1,2). Das
kennzeichnet uns: Wir gehören zu jenen, die den
Namen Jesu Christi, des Herrn, anrufen. Es ist
deshalb gut verständlich, wie wünschenswert es
ist, dass sich das verwirklicht, was Paulus selbst
wünscht, wenn er an die Korinther schreibt:
»Wenn aber alle prophetisch reden, und ein Un-
gläubiger oder Unkundiger kommt herein, dann
wird ihm von allen ins Gewissen geredet und er
fühlt sich von allen ins Verhör genommen; was
in seinem Herzen verborgen ist, wird aufgedeckt.
Und so wird er sich niederwerfen, Gott anbeten
und ausrufen: Wahrhaftig, Gott ist bei euch!«
(1 Kor 14,24–25). So sollten unsere liturgischen
Versammlungen sein. Ein Nichtchrist, der zu einer unserer Versammlungen kommt, sollte am
Ende sagen können: »Wahrhaftig, Gott ist mit
euch!« Bitten wir den Herrn, so in Gemeinschaft
mit Christus und in Gemeinschaft untereinander
zu sein.

(22. November 2006)

Timotheus und Titus

Liebe Brüder und Schwestern!

Nachdem wir lange über den großen Apostel Paulus gesprochen haben, betrachten wir heute seine beiden engsten Mitarbeiter: Timotheus und Titus. An sie sind drei Briefe gerichtet, die traditionell Paulus zugeschrieben werden; zwei sind an Timotheus und einer ist an Titus gerichtet.

Timotheus ist ein griechischer Name und bedeutet »der Gott ehrt«. Während ihn Lukas in der Apostelgeschichte sechsmal erwähnt, nimmt Paulus in seinen Briefen siebzehnmal auf ihn Bezug (und ein weiteres Mal finden wir ihn im Hebräerbrief). Daraus kann man schließen, dass Timotheus in den Augen des Paulus große Achtung genoss, auch wenn Lukas nicht beabsichtigt, uns alles zu erzählen, was ihn betrifft. Der Apostel betraute ihn in der Tat mit bedeutenden Missionen und sah in ihm gleichsam ein »alter ego«, wie aus dem großen Lob hervorgeht, mit dem er ihn im Brief an die Philipper bedenkt: »Ich habe keinen Gleichgesinnten (›isópsychon‹), der so aufrichtig um eure Sache besorgt ist« (2,20).

Timotheus wurde in Lystra (ca. 200 Kilometer nordwestlich von Tarsus) als Sohn einer jüdischen

Mutter und eines heidnischen Vaters geboren (vgl. Apg 16,1). Der Umstand, dass die Mutter eine Mischehe eingegangen war und den Sohn nicht hatte beschneiden lassen, lässt uns vermuten, dass Timotheus nicht in einer strenggläubigen Familie aufgewachsen ist, auch wenn gesagt wird, dass er von Kindheit an die heiligen Schriften kannte (vgl. 2 Tim 3,15). Überliefert ist uns der Name der Mutter, Eunike, und auch der Name der Großmutter, Loïs (vgl. 2 Tim 1,5). Als Paulus am Beginn seiner zweiten Missionsreise durch Lystra kam, wählte er Timotheus zum Begleiter, da er ihm »von den Brüdern in Lystra und Ikonion empfohlen worden« war (Apg 16,2), ließ ihn aber »mit Rücksicht auf die Juden, die in jenen Gegenden wohnten« (Apg 16,3), beschneiden. Mit Paulus und Silas zusammen durchquerte Timotheus Kleinasien bis nach Troas, von wo er nach Mazedonien übersetzte. Außerdem erfahren wir, dass Timotheus in Philippi verschont blieb, als Paulus und Silas der Störung der öffentlichen Ordnung beschuldigt und ins Gefängnis geworfen wurden, weil sie sich der Ausbeutung eines jungen Mädchens als Wahrsagerin durch einige skrupellose Personen widersetzten (vgl. Apg 16,16–40). Als Paulus dann gezwungen war, bis nach Athen weiterzureisen, traf ihn Timotheus in jener Stadt und wurde von dort zu der jungen Gemeinde von Thessalonich gesandt, um sich nach ihr zu erkundigen und sie im Glauben zu stärken (vgl. 1 Thess 3,1–2). Er traf dann den

175

Apostel in Korinth wieder, überbrachte ihm gute Nachrichten über die Thessalonicher und arbeitete mit ihm bei der Evangelisierung dieser Stadt zusammen (vgl. 2 Kor 1,19).

Wir treffen Timotheus während der dritten Missionsreise des Paulus in Ephesus wieder. Von dort schrieb der Apostel wahrscheinlich an Philemon und an die Philipper, und in beiden Briefen erscheint Timotheus als Mitabsender (vgl. Phlm 1; Phil 1,1). Von Ephesus sandte ihn Paulus, zusammen mit einem gewissen Erastus, nach Mazedonien (vgl. Apg 19,22) und dann auch nach Korinth mit dem Auftrag, einen Brief zu überbringen, in dem er den Korinthern nahelegte, ihn gut aufzunehmen (vgl. 1 Kor 4,17; 16,10–11). Wir finden ihn noch einmal als Mitabsender des Zweiten Briefes an die Korinther, und als Paulus von Korinth aus den Brief an die Römer schreibt, fügt er zusammen mit den Grüßen der anderen die des Timotheus hinzu (vgl. Röm 16,21). Von Korinth reiste der Jünger wieder ab, um nach Troas, an der asiatischen Küste des Ägäischen Meeres, zu gelangen und dort auf den Apostel zu warten, der zum Abschluss seiner dritten Missionsreise auf dem Weg nach Jerusalem war (Apg 21,4). Von diesem Zeitpunkt an übermitteln uns die antiken Quellen nur noch einen einzigen Hinweis auf die Biographie des Timotheus, nämlich im Brief an die Hebräer, wo zu lesen ist: »Wisst, dass unser Bruder Timotheus freigelassen worden ist; sobald er kommt, werde ich mit ihm zusammen euch besuchen« (Hebr 13,23). Abschließend können wir sagen, dass die Gestalt des Timotheus als die eines bedeutenden Hirten hervortritt. Nach der späteren Kirchengeschichte des Eusebius war Timotheus der erste Bischof von Ephesus (vgl. 3,4). Einige seiner Reliquien, die aus Konstantinopel stammen, befinden sich seit 1239 in Italien in der Kathedrale von Termoli in der Region Molise.

Was die Gestalt des Titus betrifft, dessen Name lateinischen Ursprungs ist, so wissen wir, dass er gebürtiger Grieche war, also ein Heide (vgl. Gal 2,3). Paulus nahm ihn nach Jerusalem mit, zum sogenannten Apostelkonzil, bei dem der Verkündigung des von den einschränkenden Vorschriften des mosaischen Gesetzes freien Evangeliums an die Heiden feierlich zugestimmt wurde. In dem an ihn gerichteten Brief lobt ihn der Apostel, indem er ihn »seinen echten Sohn aufgrund des gemeinsamen Glaubens« nennt (Tit 1,4). Nach der Abreise des Timotheus aus Korinth sandte Paulus den Titus dorthin mit der Aufgabe, jene unfügsame Gemeinde zum Gehorsam zurückzuführen. Titus stellte den Frieden zwischen der Kirche von Korinth und dem Apostel wieder her, der an sie die folgenden Worte schrieb: »Gott, der die Niedergeschlagenen aufrichtet, hat auch uns aufgerichtet, und zwar durch die Ankunft des Titus – nicht nur durch seine Ankunft, sondern auch durch den Trost, den er bei euch erfahren hatte. Er erzählte uns von eurer Sehnsucht, eurer Klage, eurem Eifer für mich ... Wir wurden aber nicht nur getröstet, sondern darüber hinaus erfreut durch die Freude des Titus, dessen Geist neue Kraft gefunden hat durch euch alle« (2 Kor 7,6–7.13). Titus wurde dann noch einmal von Paulus – der ihn als »mein Gefährte und mein Mitarbeiter« bezeichnete (2 Kor 8,23) – nach Korinth geschickt, um dort den Abschluss der Spendensammlung zugunsten der Christen von Jerusalem zu organisieren (vgl. 2 Kor 8,6). Weitere Nachrichten, die aus den Pastoralbriefen stammen, bezeichnen ihn als Bischof von Kreta (vgl. Tit 1,5), von wo aus er Paulus auf dessen Einladung hin in Nikopolis in Epirus traf (vgl. Tit 3,12). Später ging er auch nach Dalmatien (vgl. 2 Tim 4,10). Über die nachfolgenden Ortswechsel des Titus und über seinen Tod besitzen wir keine weiteren Informationen.

Wenn wir zum Abschluss die beiden Gestalten des Timotheus und des Titus gemeinsam betrachten, bemerken wir einige sehr bedeutsame Tatsachen. Das Wichtigste ist, dass sich Paulus bei der Verwirklichung seiner Missionen auf Mitarbeiter stützte. Als Gründer und Hirt vieler Gemeinden bleibt er natürlich der Apostel schlechthin. Es wird jedoch deutlich, dass er nicht alles allein machte, sondern sich auf Vertrauenspersonen stützte, die seine Mühen und seine Verantwortung teilten. Eine weitere Beobachtung betrifft die Verfügbarkeit dieser Mitarbeiter. Die Quellen, die Timotheus und Titus betreffen, heben deutlich ihre Bereitwilligkeit bei der Übernahme verschiedener Aufträge hervor, die oft darin bestanden, Paulus auch unter nicht einfachen Umständen zu vertreten. Mit einem Wort, sie lehren uns, dem Evangelium großherzig zu dienen, wobei wir wissen, dass dies auch einen Dienst an der Kirche einschließt. Nehmen wir schließlich die Ermahnung auf, die der Apostel Paulus in seinem Brief an Titus richtet: »Ich will, dass du dafür eintrittst, damit alle, die zum Glauben an Gott gekommen sind, sich nach Kräften bemühen, das Gute zu tun. So ist es gut und für alle Menschen nützlich« (Tit 3,8). Durch unseren konkreten Einsatz müssen und können wir die Wahrheit dieser Worte entdecken und gerade in dieser Adventszeit auch reich an guten Werken werden und so Christus, unserem Retter, die Tore der Welt öffnen.

(13. Dezember 2006)

Stephanus, der erste Märtyrer

Liebe Brüder und Schwestern!
Nach den Festtagen kehren wir zu unseren Katechesen zurück. Ich hatte mit euch über die Gestalten der zwölf Apostel und des hl. Paulus meditiert.
Danach haben wir begonnen, über weitere Gestalten der entstehenden Kirche nachzudenken, und
so wollen wir heute bei der Person des hl. Stephanus verweilen, dessen Fest die Kirche am Tag nach
Weihnachten begeht. Der hl. Stephanus ist die re-
präsentativste Figur innerhalb einer Gruppe von
sieben Gefährten. Die Überlieferung sieht in dieser
Gruppe den Keim des späteren »Diakonen«-Amtes,
auch wenn man feststellen muss, dass diese
Bezeichnung in der Apostelgeschichte nicht vorkommt. Die Bedeutung des Stephanus ergibt sich
auf jeden Fall daraus, dass ihm Lukas in diesem seinem wichtigen Buch zwei ganze Kapitel widmet.
   Der Bericht des Lukas beginnt mit der Feststel-
lung einer in der Urkirche von Jerusalem verbreiteten Untereinteilung: Diese Kirche setzte sich zur
Gänze aus Christen jüdischer Herkunft zusammen, von denen aber manche aus den Gebieten Israels stammten und »Hebräer« genannt wurden,
während andere Angehörige des alttestamentlich-

jüdischen Glaubens aus der griechischsprachigen Diaspora kamen und »Hellenisten« genannt wurden. Das Problem, das sich abzuzeichnen begann, war folgendes: Die Bedürftigsten unter den Hellenisten, besonders die Witwen, die ohne jede soziale Unterstützung waren, liefen Gefahr, bei der Hilfe für die tägliche Versorgung übergangen zu werden. Um diese Schwierigkeit zu beheben, beschlossen die Apostel, sich das Gebet und den Dienst am Wort als ihre zentrale Aufgabe vorzubehalten und »sieben Männer von gutem Ruf und voll Geist und Weisheit« zu beauftragen, die Aufgabe der Versorgung (Apg 6,2–4), also den karitativen Sozialdienst, zu übernehmen. Zu diesem Zweck wählten die Jünger, wie Lukas schreibt, auf Weisung der Apostel sieben Männer. Wir kennen auch ihre Namen. Sie lauten: »Stephanus, ein Mann, erfüllt vom Glauben und vom Heiligen Geist, ferner Philippus und Prochorus, Nikanor und Timon, Parmenas und Nikolaus ... Sie ließen sie vor die Apostel hintreten und diese beteten und legten ihnen die Hände auf« (Apg 6,5–6).

Der Gestus der Handauflegung kann verschiedene Bedeutungen haben. Im Alten Testament bedeutet er vor allem die Übertragung eines wichtigen Amtes, wie es Mose mit Josua machte (vgl. Num 27,18–23), als er ihn auf diese Weise zu seinem Nachfolger bestimmte. Auf dieser Linie wird auch die Kirche von Antiochien von diesem Gestus Gebrauch machen, um Paulus und Barnabas in die Mission zu den Völkern der Welt zu entsenden (vgl. Apg 13,3). Auf eine ähnliche Handauflegung, nämlich bei Timotheus, um ihn mit einer offiziellen Aufgabe zu beauftragen, nehmen die beiden an ihn gerichteten Briefe des Paulus Bezug (vgl. 1 Tim 4,14; 2 Tim 1,6). Dass es dabei um eine wichtige Handlung ging, die nach reiflicher Überlegung zu vollziehen war, ist aus dem zu entnehmen, was wir im Ersten Brief an Timotheus lesen: »Lege keinem vorschnell die Hände auf, und mach dich nicht mitschuldig an fremden Sünden« (5,22). Wir sehen also, dass sich der Gestus der Handauflegung zu einem sakramentalen Zeichen entwickelt. Im Fall des Stephanus und seiner Gefährten handelt es sich mit Sicherheit um die offizielle Übertragung einer Aufgabe seitens der Apostel und zugleich um die Erflehung der Gnade für die Erfüllung dieser Aufgabe.

Als wichtigstes Faktum ist aber festzuhalten, dass Stephanus außer den karitativen Diensten auch eine Evangelisierungsaufgabe gegenüber seinen Landsleuten, den sogenannten »Hellenisten«, erfüllt. Lukas hebt nämlich hervor, dass Stephanus, »voll Gnade und Kraft« (Apg 6,8), im Namen Jesu eine neue Auslegung des Mose und des Gesetzes Gottes vorlegt, das Alte Testament im Lichte der Verkündigung des Todes und der Auferstehung Jesu neu deutet. Diese Lesart des Alten Testamentes, die christologische Lesart, provoziert die Reaktionen der Juden, die seine Worte als Gotteslästerung empfinden (vgl. Apg 6,11–14). Aus diesem Grund wird er zum Tod durch Steinigung verurteilt. Der hl. Lukas übermittelt uns die letzte Rede des Heiligen, eine Zusammenfassung seiner Verkündigungstätigkeit. Wie Jesus den Emmausjüngern gezeigt hatte, dass das ganze Alte Testament von ihm, von seinem Kreuz und seiner Auferstehung spricht, so liest der hl. Stephanus, der Lehre Jesu folgend, das ganze Alte Testament unter christologischem Aspekt. Er zeigt, dass das Geheimnis des Kreuzes im Zentrum der im Alten Testament erzählten Heilsgeschichte steht, er zeigt, dass wirklich Jesus, der Gekreuzigte und Auferstandene, der Zielpunkt dieser ganzen Geschichte ist. Und er zeigt somit auch, dass der Tempelkult überholt ist und Jesus, der Auferstandene, der neue und wahre »Tempel« ist. Eben dieses »Nein« zum Tempel und zu seinem Kult provoziert die Verurteilung des hl. Stephanus, der in diesem Augenblick – wie uns der hl. Lukas sagt – zum Himmel blickte und die Herrlichkeit Gottes und Jesu sah, der zu seiner Rechten steht. Und als der hl. Stephanus den Himmel, Gott und Jesus sah, rief er: »Ich sehe den Himmel offen und den Menschensohn zur Rechten Gottes stehen« (Apg 7,56). Es folgt sein Martyrium, das in der Tat nach dem Beispiel der Passion Jesu selbst vollzogen wird, da er dem »Herrn Jesus« seinen Geist übergibt und darum betet, dass seinen Mördern ihre Schuld nicht angerechnet werde (vgl. Apg 7,59–60).

Der Ort des Martyriums des Stephanus in Jerusalem liegt der Überlieferung nach etwas außerhalb des Damaskustores im Norden, wo sich jetzt, neben der bekannten »École Biblique« der Dominikaner, die Kirche »Saint-Étienne« erhebt. Auf die Tötung des Stephanus, des ersten christlichen Märtyrers, folgte vor Ort eine Verfolgung der Jünger Jesu (vgl. Apg 8,1), die erste Verfolgung in der Geschichte der Kirche. Sie bildete den konkreten Anlass, der die Gruppe der jüdischhellenistischen Christen zur Flucht aus Jerusalem und in die Zerstreuung trieb. Nach ihrer Vertreibung aus Jerusalem wurden sie zu Wandermissionaren: »Die Gläubigen, die zerstreut worden waren, zogen umher und verkündeten das Wort« (Apg 8,4). Die Verfolgung und die sich daraus ergebende Zerstreuung werden zur Mission. So verbreitete sich das Evangelium in Samaria, Phönizien und Syrien bis hin zur Großstadt Antiochien, wo es nach Lukas zum ersten Mal auch den Heiden verkündet wurde (vgl. Apg 11,19–20) und wo auch zum ersten Mal der Name »Christen« zu hören war (Apg 11,26).

Als Detail führt Lukas an, dass die Männer, die Stephanus steinigten, »ihre Kleider zu Füßen eines jungen Mannes niederlegten, der Saulus hieß« (Apg 7,58) – es war derselbe Mann, der vom Verfolger zum berühmten Apostel des Evangeliums werden sollte. Das bedeutet, dass der junge Saulus die Predigt des Stephanus gehört haben musste und somit ihre grundsätzlichen Inhalte kannte. Der hl. Paulus befand sich wahrscheinlich unter denen, die, als sie diese Rede hörten, »aufs äußerste über ihn empört [waren] und mit den Zähnen knirschten« (Apg 7,54). An diesem Punkt nun können wir das Wunder der göttlichen Vorsehung erkennen. Saulus, erbitterter Gegner der Sicht des Stephanus, nimmt nach der Begegnung mit dem auferstandenen Christus auf dem Weg nach Damaskus die christologische Deutung des Alten Testaments auf, die der Protomärtyrer vorgenommen hatte, er vertieft und vervollständigt sie und wird so zum »Völkerapostel«. Das Gesetz ist im Kreuz Christi erfüllt, so lehrt er. Und der Glaube an Christus, die Gemeinschaft mit der Liebe Christi, ist die wahre Erfüllung des ganzen Gesetzes. Das ist der Inhalt der Predigt des Paulus. Er zeigt so, dass der Gott Abrahams der Gott aller wird. Und alle, die an Jesus Christus glauben, werden als Söhne Abrahams zu Teilhabern an den Verheißungen. In der Mission des hl. Paulus erfüllt sich die Sicht des Stephanus.

Die Geschichte des Stephanus sagt uns vieles. Zum Beispiel lehrt sie uns, dass man nie das soziale, karitative Bemühen von der mutigen Verkündigung des Glaubens trennen darf. Er war einer der Sieben, der vor allem zur Nächstenliebe beauftragt worden war. Es war jedoch unmöglich, Nächstenliebe und Verkündigung voneinander zu trennen. So verkündet er mit der Nächstenliebe den gekreuzigten Christus, bis er auch das Martyrium auf sich nimmt. Das ist die erste Lehre, die wir von der Gestalt des hl. Stephanus lernen können: Nächstenliebe und Verkündigung gehen immer zusammen. Der hl. Stephanus spricht zu uns vor allem von Christus, dem gekreuzigten und auferstandenen Christus als Mittelpunkt der Geschichte und unseres Lebens. Wir können verstehen, dass das Kreuz im Leben der Kirche und auch in unserem persönlichen Leben immer zentral bleibt. In der Geschichte der Kirche werden das Leid und die Verfolgung nie fehlen. Und gerade die Verfolgung wird nach dem berühmten Ausspruch Tertullians Quelle der Mission für die neuen Christen. Ich zitiere seine Worte: »Wir vermehren uns jedes Mal, wenn wir von euch niedergemetzelt werden: Ein Same ist das Blut der Christen« (*Apologeticum* 50,13: »Plures efficimur quoties metimur a vobis: semen est sanguis christianorum«). Aber auch in unserem Leben wird das Kreuz, an dem es nie fehlen wird, zum Segen. Und indem wir das Kreuz annehmen, wissend, dass es Segen wird und ist, lernen wir die Freude des Christen auch in den schwierigen Augenblicken. Der Wert des Zeugnisses ist unersetzlich, da das Evangelium zu ihm hinführt und sich die Kirche von ihm nährt. Der hl. Stephanus möge uns lehren, diese Lehren zu beherzigen; er möge uns lehren, das Kreuz zu lieben, da es der Weg ist, auf dem Christus immer wieder neu in unsere Mitte kommt.

(10. Januar 2007)

Barnabas, Silas und Apollos

Liebe Brüder und Schwestern!
In Fortsetzung unserer Reise unter den Hauptper-
sonen der christlichen Anfänge widmen wir heute
unsere Aufmerksamkeit einigen Mitarbeitern des
hl. Paulus. Wir müssen anerkennen, dass der Apostel ein beredtes Beispiel für einen Mann darstellt,
der offen ist für die Zusammenarbeit: Er will in der
Kirche nicht alles allein machen, sondern bedient
sich zahlreicher und unterschiedlicher Helfer. Wir
können uns nicht mit allen diesen wertvollen Hel-
fern befassen, denn es sind ihrer viele. Es möge ge-
nügen, unter den anderen Epaphras (vgl. Kol 1,7;
4,12; Phlm 23), Epaphroditus (vgl. Phil 2,25; 4,18),
Tychikus (vgl. Apg 20,4; Eph 6,21; Kol 4,7; 2 Tim
4,12; Tit 3,12), Urbanus (vgl. Röm 16,9), Gaius und
Aristarchus (vgl. Apg 19,29; 20,4; 27,2; Kol 4,10) zu
erwähnen. Und Frauen wie Phöbe (vgl. Röm 16,9),
Tryphäna und Tryphosa (vgl. Röm 16,12), Persis, die
Mutter von Rufus – von der der hl. Paulus sagt: »Sie
ist auch mir zur Mutter geworden« (vgl. Röm
16,12–13) –, nicht zu vergessen Eheleute wie Priska
und Aquila (vgl. Röm 16,3; 1 Kor 16,19; 2 Tim 4,19).
Unter dieser großen Schar von Mitarbeitern und
Mitarbeiterinnen des hl. Paulus richten wir heute

unser Interesse auf drei dieser Menschen, die eine besonders bedeutsame Rolle bei der Evangelisierung zu Beginn des Christentums gespielt haben: Barnabas, Silas und Apollos.

Barnabas bedeutet »Sohn der Ermahnung« (Apg 4,36) oder »Sohn des Trostes« und ist der Beiname eines aus Zypern gebürtigen jüdischen Leviten. Nachdem er sich in Jerusalem niedergelassen hatte, war er einer der Ersten, die sich nach der Auferstehung des Herrn dem Christentum anschlossen. Mit großer Hochherzigkeit verkaufte er einen Acker, der ihm gehörte, und übergab den Erlös den Aposteln für die Bedürfnisse der Kirche (vgl. Apg 4,37). Er machte sich zum Gewährsmann der Bekehrung des Saulus bei der christlichen Gemeinde von Jerusalem, die dem ehemaligen Verfolger noch misstraute (vgl. Apg 9,27). Nachdem er nach Antiochia in Syrien gesandt worden war, holte er Paulus in Tarsus ab, wohin sich dieser zurückgezogen hatte; er verbrachte mit ihm ein ganzes Jahr und widmete sich der Evangelisierung dieser wichtigen Stadt, in deren Gemeinde Barnabas als Prophet und Lehrer bekannt war (vgl. Apg 13,1). So hat Barnabas im Augenblick der ersten Bekehrungen der Heiden begriffen, dass das die Stunde des Saulus war, der sich in seine Heimatstadt Tarsus zurückgezogen hatte. Er ging dorthin, um ihn aufzusuchen. So hat er in jenem wichtigen Augenblick Paulus gleichsam der Kirche zurückgegeben; er hat ihr

in diesem Sinn den Völkerapostel noch einmal geschenkt. Von der Gemeinde Antiochias wurde Barnabas zusammen mit Paulus in die Mission ent-
sandt, und die beiden machten jene Reise, die
unter dem Namen »erste Missionsreise« des Apostels bekannt ist. In Wirklichkeit handelte es sich
um eine Missionsreise des Barnabas, denn er war
der wahre Verantwortliche, dem sich Paulus als
Mitarbeiter anschloss; sie erreichten die Regionen
von Zypern und Zentral- und Südanatolien in der
heutigen Türkei mit den Städten Attalia, Perga,
Antiochia in Pisidien, Ikonion, Lystra und Derbe
(vgl. Apg 13–14). Zusammen mit Paulus begab
sich Barnabas dann zum sogenannten Konzil von
Jerusalem, wo die Apostel zusammen mit den Ältesten nach einer gründlichen Untersuchung des
Problems beschlossen, die Praxis der Beschneidung von der christlichen Identität zu trennen
(vgl. Apg 15,1–35). Nur so haben sie schließlich of-
fiziell die Kirche der Heiden möglich gemacht, eine Kirche ohne Beschneidung: Wir sind einfach
durch den Glauben an Christus Söhne Abrahams.

Die beiden, Paulus und Barnabas, gerieten
dann zu Beginn der zweiten Missionsreise in eine
Auseinandersetzung, weil Barnabas beabsichtigte,
als Gefährten den Johannes, genannt Markus, mit-
zunehmen, während Paulus das nicht wollte, weil
sich der junge Mann während der vorhergehenden
Reise von ihnen getrennt hatte (vgl. Apg 13,13;
15,36–40). Es gibt also auch unter Heiligen Aus-

einandersetzungen, Zwietracht und Streitigkeiten. Und dies erscheint mir sehr tröstlich, weil wir sehen, dass die Heiligen nicht »vom Himmel gefallen« sind. Sie sind Menschen wie wir, mit Problemen, die auch kompliziert sein können. Die Heiligkeit besteht nicht darin, nie einen Fehler, eine Sünde begangen zu haben. Die Heiligkeit wächst in der Fähigkeit zur Bekehrung, zur Reue, zur Bereitschaft, wieder neu anzufangen, und vor allem in der Fähigkeit zu Versöhnung und Vergebung. Und so kommt Paulus, der dem Markus gegenüber ziemlich hart und bitter gewesen war, schließlich wieder mit ihm zusammen. In den letzten Briefen des hl. Paulus, dem Brief an Philemon und im Zweiten Brief an Timotheus, tritt gerade Markus als »mein Mitarbeiter« in Erscheinung. Also nicht der Umstand, nie einen Fehler begangen zu haben, sondern die Fähigkeit zu Versöhnung und Vergebung macht uns heilig. Und wir können alle diesen Weg zur Heiligkeit lernen. Auf jeden Fall reiste Barnabas zusammen mit Johannes, genannt Markus, um das Jahr 49 nach Zypern (vgl. Apg 15,39). Von dem Zeitpunkt an verlieren sich seine Spuren. Tertullian schreibt ihm den Brief an die Hebräer zu, was nicht ganz unwahrscheinlich ist, weil Barnabas, da er zum Stamm Levi gehörte, ein Interesse für das Thema des Priestertums haben konnte. Und der Brief an die Hebräer erläutert uns auf wunderbare Weise das Priestertum Jesu.

Ein weiterer Gefährte des Paulus war Silas, die gräzisierte Form eines hebräischen Namens (vielleicht »sheal«, »bitten, flehen«, was dieselbe Wurzel wie die des Namens »Saulus« ist), von dem es auch die latinisierte Form Silvanus gibt. Der Name Silas ist nur in der Apostelgeschichte bezeugt, während der Name Silvanus nur in den Paulinischen Briefen erscheint. Er war ein Jude aus Jerusalem, einer der Ersten, die Christen geworden sind, und genoss in jener Gemeinde großes Ansehen (vgl. Apg 15,22), da er als Prophet angesehen wurde (vgl. Apg 15,32). Er wurde beauftragt, »den Brüdern in Antiochia, Syrien und Zilizien« (Apg 15,23) die auf dem Konzil von Jerusalem getroffenen Entscheidungen zu überbringen und zu erklären. Offensichtlich wurde er für fähig gehalten, eine Art von Vermittlung zwischen Jerusalem und Antiochia, zwischen Judenchristen und Heidenchristen zu vollbringen und so der Einheit der Kirche in der Verschiedenheit der Riten und Abstammungen zu dienen. Als sich Paulus von Barnabas trennte, nahm er eben jenen Silas als neuen Reisegefährten auf (vgl. Apg 15,40). Zusammen mit Paulus gelangte er nach Makedonien (mit den Städten Philippi, Thessalonich und Beröa), wo er blieb, während Paulus nach Athen und dann nach Korinth weiterreiste. Silas stieß in Korinth zu ihm, wo er bei der Verkündigung des Evangeliums mitarbeitete. Im zweiten Brief, den Paulus an jene Gemeinde richtete, ist in der Tat die Rede von »Jesus Christus, der euch durch uns verkündigt wurde –

durch mich, Silvanus und Timotheus« (2 Kor 1,19). So erklärt sich, warum er zusammen mit Paulus und Timotheus als Mitabsender der zwei Briefe an die Thessalonicher genannt wird. Auch das erscheint mir wichtig. Paulus handelt nicht als »Solist«, als einzelner Mensch, sondern zusammen mit diesen Mitarbeitern im »Wir« der Kirche. Dieses »Ich« des Paulus ist kein isoliertes »Ich«, sondern ein »Ich« im »Wir« der Kirche, im »Wir« des apostolischen Glaubens. Und schließlich wird Silvanus auch im Ersten Petrusbrief erwähnt, wo zu lesen ist: »Durch den Bruder Silvanus, den ich für treu halte, habe ich euch kurz geschrieben« (5,12). So sehen wir auch die Gemeinschaft der Apostel. Silvanus dient dem Paulus, er dient dem Petrus, weil die Kirche eine und die missionarische Verkündigung eine einzige ist.

Der dritte Gefährte des Paulus, den wir erwähnen wollen, heißt Apollos, wahrscheinlich eine Abkürzung von Apollonius oder Apollodorus. Obwohl es sich um einen Namen heidnischer Form handelt, war er ein eifriger Jude aus Alexandria in Ägypten. Lukas bezeichnet ihn in der Apostelgeschichte als »redekundig und in der Schrift bewandert ... mit glühendem Geist« (18,24–25). Apollos taucht auf dem Schauplatz der ersten Evangelisierung in der Stadt Ephesus auf: Dorthin hatte er sich begeben, um zu predigen, und dort hatte er das Glück, den christlichen Eheleuten Priszilla und Aquila zu begegnen (vgl. Apg 18,26), die ihn in eine vollständigere Kenntnis des »Weges Gottes« einführten (vgl. ebd.). Von Ephesus ging er nach Achaia und gelangte in die Stadt Korinth: Dort traf er mit Unterstützung eines Briefes der Christen von Ephesus ein, die den Korinthern empfahlen, ihn freundlich aufzunehmen (vgl. Apg 18,27). In Korinth, schreibt Lukas, »wurde er den Gläubigen durch die Gnade eine große Hilfe. Denn mit Nachdruck widerlegte er die Juden, indem er öffentlich aus der Schrift nachwies, dass Jesus der Messias sei« (Apg 18,27–28). Sein Erfolg in jener Stadt hatte jedoch eine problematische Kehrseite, da es einige Mitglieder jener Kirche gab, die von seiner Art des Sprechens fasziniert waren und sich in seinem Namen den anderen widersetzten (vgl. 1 Kor 1,12; 3,4–6; 4,6). Paulus bringt im Ersten Brief an die Korinther Wertschätzung für das Wirken des Apollos zum Ausdruck, tadelt aber die Korinther, den Leib Christi zu zerreißen, wenn sie sich in einander entgegengesetzte Fraktionen teilen. Er zieht aus der ganzen Angelegenheit eine wichtige Lehre: Sowohl ich als auch Apollos – sagt er – sind nichts anderes als »diakonoi«, das heißt einfache Diener, durch die ihr zum Glauben gekommen seid (vgl. 1 Kor 3,5). Jeder hat eine unterschiedliche Aufgabe auf dem Acker des Herrn: »Ich habe gepflanzt, Apollos hat begossen, Gott aber ließ wachsen ... Denn wir sind Gottes Mitarbeiter; ihr seid Gottes Ackerfeld, Gottes Bau« (1 Kor 3,6–9). Wieder in Ephesus, widersetzte sich Apollos der Aufforderung des Paulus, sofort nach Korinth zurückzukehren, und verschob die Reise auf ein späteres Datum, das wir nicht kennen (vgl. 1 Kor 16,12). Wir haben keine weiteren Nachrichten über ihn, auch wenn einige Gelehrte ihn für den möglichen Verfasser des Briefes an die Hebräer halten, dessen Autor Tertullian zufolge Barnabas gewesen sein könnte.

Diese drei Männer glänzen alle am Firmament der Zeugen des Evangeliums – über die Wesensmerkmale jedes Einzelnen hinaus – wegen eines gemeinsamen Merkmals. Außer der jüdischen Herkunft ist ihnen die Hingabe an Jesus Christus und das Evangelium gemeinsam, zusammen mit der Tatsache, dass sie alle drei Mitarbeiter des Apostels Paulus gewesen sind. In dieser ursprünglichen Mission der Evangelisierung haben sie den Sinn ihres Lebens gefunden, und so stehen sie vor uns als leuchtende Vorbilder für Uneigennützigkeit und Hochherzigkeit. Und denken wir zum Schluss noch einmal an diesen Satz des hl. Paulus: Wir alle, sowohl Apollos wie ich, sind Diener Jesu, jeder auf seine Weise, denn es ist Gott, der wachsen lässt. Dieses Wort gilt auch heute für alle, für den Papst genauso wie für die Kardinäle, die Bischöfe, die Priester, die Laien. Wir sind alle demütige Diener Jesu. Dienen wir dem Evangelium, so weit wir können, entsprechend unseren Gaben, und beten wir zu Gott, dass er heute sein Evangelium, seine Kirche wachsen lasse.

(31. Januar 2007)

Aquila und Priszilla

Liebe Brüder und Schwestern!
Während wir einen neuen Schritt in dieser Art Bildergalerie der ersten Zeugen des christlichen Glaubens machen, die wir vor einigen Wochen begonnen haben, betrachten wir heute ein Ehepaar. Es handelt sich um die Eheleute Priszilla und Aquila, die zum Kreis der zahlreichen Mitarbeiter gehören, die den Apostel Paulus umgeben, und die ich schon am vergangenen Mittwoch kurz erwähnt habe. Gemäß den Nachrichten, die wir besitzen, spielte dieses Ehepaar zur Zeit der nachösterlichen Ursprünge der Kirche eine sehr aktive Rolle.

Aquila und Priszilla sind lateinische Namen, aber der Mann und die Frau, die sie tragen, waren jüdischer Herkunft. Zumindest Aquila stammte geographisch aus der Diaspora Nordanatoliens, das am Schwarzen Meer – in der heutigen Türkei – liegt, während Priszilla, deren Name manchmal in der Kurzform Priska vorkommt, wahrscheinlich eine aus Rom stammende Jüdin war (vgl. Apg 18,2). Jedenfalls waren sie von Rom nach Korinth gekommen, wo Paulus ihnen Anfang der Fünfzigerjahre begegnete. Dort schloss er sich ihnen an, da sie, wie Lukas berichtet, dasselbe Handwerk der Herstellung von Zelten oder Vorhängen für den häuslichen Gebrauch ausübten, und er wurde sogar in ihrem Haus aufgenommen (vgl. Apg 18,3). Der Grund für ihr Eintreffen in Korinth war der Beschluss des Kaisers Claudius gewesen, die in der Stadt wohnenden Juden aus Rom zu vertreiben. Der römische Geschichtsschreiber Sueton sagt uns zu diesem Ereignis, dass der Kaiser die Juden ausgewiesen hatte, weil »sie wegen eines gewissen Chrestus Unruhen anzettelten« (vgl. *De vita Caesarum* [Das Leben der römischen Kaiser] – *Divus Claudius*, 25). Man sieht, dass er den Namen nicht gut kannte – statt Christus schreibt er »Chrestus« –, und dass er nur eine sehr verworrene Vorstellung von dem hatte, was geschehen war. Auf jeden Fall gab es in der jüdischen Gemeinde Zwietracht bezüglich der Frage, ob Jesus der Christus sei. Und diese Probleme waren für den Kaiser der Grund, einfach alle Juden aus Rom auszuweisen. Daraus kann man schließen, dass die beiden Eheleute den christlichen Glauben bereits in den Vierzigerjahren in Rom angenommen hatten, und nun hatten sie in Paulus jemanden gefunden, der nicht nur diesen Glauben – dass Jesus der Christus ist – mit ihnen teilte, sondern der auch Apostel und vom auferstandenen Herrn persönlich berufen worden war. Die erste Begegnung findet also in Korinth statt, wo sie ihn in ihrem Haus aufnehmen und bei der Herstellung von Zelten zusammenarbeiten.

In einem zweiten Moment übersiedelten sie nach Ephesus in Kleinasien. Dort hatten sie maßgebenden Anteil an der Vervollkommnung der christlichen Bildung des alexandrinischen Juden Apollos, von dem wir am vergangenen Mittwoch gesprochen haben. Da er den christlichen Glauben nur in groben Zügen kannte, »(hörten) Priszilla und Aquila ... ihn, nahmen ihn zu sich und legten ihm den Weg Gottes noch genauer dar« (Apg 18,26).

Als der Apostel Paulus aus Ephesus seinen Ersten Brief an die Korinther schreibt, sendet er zusammen mit den eigenen Grüßen ausdrücklich auch die von »Aquila und Priska und ihrer Hausgemeinde« (1 Kor 16,19). So erfahren wir von der sehr bedeutsamen Rolle, die dieses Paar im Bereich der Urkirche spielte: Diese Rolle bestand darin, dass sie in ihrem Haus die Gruppe der ortsansässigen Christen aufnahmen, wenn sie sich versammelten, um das Wort Gottes zu hören und die Eucharistie zu feiern. Gerade jene Art von Zusammenkunft ist es, die auf Griechisch »ekklesía« genannt wird – das lateinische Wort ist »ecclesia«, das italienische »chiesa« [»Kirche«] –, was Einberufung, Versammlung, Zusammenkunft heißt. Im Haus von Aquila und Priszilla versammelt sich also die Kirche, die Einberufung Christi, die hier die heiligen Geheimnisse feiert. Und so können wir die Entstehung der Wirklichkeit der Kirche in den Häusern der Gläubigen sehen. Die Christen hatten in der Tat bis zum dritten Jahrhundert keine eigenen Kultstätten: Solche Orte waren in der ersten Zeit die jüdischen Synagogen, bis sich die ursprüngliche Symbiose zwischen Altem und Neuem Testament auflöste und die Kirche der Heiden gezwungen war, sich eine eigene Identität zu geben, die immer tief im Alten Testament verwurzelt war. Nach diesem »Bruch« versammeln sich in den Häusern die Christen, die so »Kirche« werden. Im dritten Jahrhundert entstehen schließlich eigene Gebäude für den christlichen Kult. Hier aber, in der ersten Hälfte des ersten Jahrhunderts und im zweiten Jahrhundert, werden die Häuser der Christen »Kirche« im wahren Sinn. Wie ich gesagt habe, liest man gemeinsam die Heilige Schrift und feiert die Eucharistie. So geschah es zum Beispiel in Korinth, wo Paulus einen gewissen »Gaius« erwähnt, »der mich und die ganze Gemeinde gastlich aufgenommen hat« (Röm 16,23), oder in Laodizea, wo sich die Gemeinde im Haus einer gewissen Nympha versammelte (vgl. Kol 4,15), oder in Kolossä, wo die Versammlung im Haus eines gewissen Archippus stattfand (vgl. Phlm 2).

Nachdem Aquila und Priszilla später nach Rom zurückgekehrt waren, übten sie diese so wertvolle Funktion auch in der Hauptstadt des Reiches weiter aus. Als Paulus nämlich den Römern schreibt, übersendet er genau folgenden Gruß: »Grüßt Priska und Aquila, meine Mitarbeiter in Christus

Jesus, die für mich ihr eigenes Leben aufs Spiel gesetzt haben; nicht allein ich, sondern alle Gemeinden der Heiden sind ihnen dankbar. Grüßt auch die Gemeinde, die sich in ihrem Haus versammelt« (Röm 16,3–5). Welch außerordentliches Lob für die beiden Eheleute liegt in diesen Worten! Und es ist kein Geringerer als der Apostel Paulus, der es anstimmt. Er erkennt in ihnen ausdrücklich zwei echte und wichtige Mitarbeiter an seinem Apostolat an. Der Bezug auf die Tatsache, dass sie das eigene Leben für ihn aufs Spiel gesetzt haben, muss wahrscheinlich mit dem Eingreifen zu seinen Gunsten während einer seiner Gefangenschaften, vielleicht in Ephesus, in Verbindung gebracht werden (vgl. Apg 19,23; 1 Kor 15,32; 2 Kor 1,8–9). Und dass Paulus der eigenen Dankbarkeit die aller Kirchen der Heiden hinzufügt, lässt, auch wenn die Formulierung ziemlich übertrieben anmutet, verstehen, wie weit ihr Handlungsradius und jedenfalls ihr Einfluss zugunsten des Evangeliums gewesen ist.

Die spätere hagiographische Tradition hat Priszilla eine ganz besondere Bedeutung verliehen, auch wenn das Problem ihrer Identifizierung mit einer anderen Märtyrerin Priszilla bestehen bleibt. Auf jeden Fall haben wir hier in Rom sowohl eine Kirche auf dem Aventin, die der heiligen Priska geweiht ist, als auch die Priszilla-Katakomben an der Via Salaria. Auf diese Weise setzt sich das Gedenken an eine Frau fort, die sicher eine tatkräftige Person und in der Geschichte des römischen Christentums von großem Wert gewesen ist. Eines ist gewiss: Mit der Dankbarkeit jener ersten Kirchen, von denen der heilige Paulus spricht, muss auch unsere Dankbarkeit einhergehen; denn dank des Glaubens und des apostolischen Einsatzes von gläubigen Laien, Familien, Eheleuten wie Priszilla und Aquila ist das Christentum bis zu unserer Generation gelangt. Es konnte nicht nur dank der Apostel wachsen, die es verkündeten. Um im Boden des Volkes Wurzeln zu schlagen, um sich lebendig zu entfalten, war der Einsatz dieser Familien, dieser Eheleute, dieser christlichen Gemeinden, der gläubigen Laien notwendig, die den »Nährboden« für das Wachsen des Glaubens geliefert haben. Und immer wächst die Kirche nur auf diese Weise. Dieses Paar zeigt insbesondere, wie wichtig das Handeln der christlichen Eheleute ist. Wenn sie vom Glauben und von einer starken Spiritualität getragen werden, wird ihr mutiger Einsatz für die Kirche und in der Kirche etwas Natürliches. Ihr alltägliches Zusammenleben verlängert sich und verfeinert sich in gewisser Weise in der Übernahme einer gemeinsamen Verantwortung für den mystischen Leib Christi, und sei es auch nur für einen kleinen Teil von ihm. So war es in der ersten Generation und so wird es oft sein.

Eine weitere, nicht zu vernachlässigende Lehre können wir aus ihrem Beispiel ziehen: Jedes Haus kann sich in eine kleine Kirche verwandeln. Dies nicht nur in dem Sinn, dass in ihm die typische christliche Liebe herrschen soll, die aus Altruismus und gegenseitiger Fürsorge besteht, sondern noch mehr in dem Sinn, dass das ganze Leben der Familie auf der Grundlage des Glaubens dazu berufen ist, sich um die einzige Herrschaft Jesu Christi zu drehen. Es ist kein Zufall, dass Paulus im Brief an die Epheser die eheliche Beziehung mit der bräutlichen Gemeinschaft vergleicht, die zwischen Christus und der Kirche besteht (vgl. Eph 5,25–33). Im Gegenteil, wir könnten annehmen, dass der Apostel das Leben der ganzen Kirche indirekt dem Familienleben nachbildet. Und die Kirche ist in Wirklichkeit die Familie Gottes. Wir ehren daher Aquila und Priszilla als Vorbilder eines Ehelebens, das sich in verantwortlicher Weise für den Dienst an der ganzen christlichen Gemeinschaft einsetzt. Und wir finden in ihnen das Vorbild der Kirche, der Familie Gottes für alle Zeiten.

(7. Februar 2007)

Frauen im Dienst am Evangelium

Heute sind wir am Ende unserer Betrachtung jener Zeugen des entstehenden Christentums angelangt, die in den neutestamentlichen Schriften erwähnt werden. Und wir benutzen die letzte Etappe dieser ersten Reihe, um unsere Aufmerksamkeit den vielen Frauengestalten zu widmen, die bei der Verbreitung des Evangeliums eine wirksame und wertvolle Rolle gespielt haben. Ihr Zeugnis darf nicht vergessen werden, entsprechend dem, was Jesus selbst von der Frau gesagt hat, die ihm kurz vor seinem Leiden das Haupt salbte: »Amen, ich sage euch: Überall auf der Welt, wo dieses Evangelium verkündet wird, wird man sich an sie erinnern und erzählen, was sie getan hat« (Mt 26,13; Mk 14,9). Der Herr will, dass diese Zeugen des Evangeliums, diese Gestalten, die dazu beigetragen haben, dass der Glaube an Ihn wachse, bekannt seien und die Erinnerung an sie in der Kirche lebendig bleibe. Historisch können wir bei der Betrachtung der Rolle der Frauen im Urchristentum zwei Phasen unterscheiden: die Zeit des irdischen Lebens Jesu und die Zeit während der Geschehnisse in der ersten Christengeneration.

Jesus wählte zwar, das wissen wir, unter seinen Jüngern zwölf Männer als Väter des neuen Israel aus, weil er sie »bei sich haben und [sie] dann aussenden wollte, damit sie predigten« (Mk 3,14–15). Das ist eine offenkundige Tatsache, aber außer den Zwölf, Säulen der Kirche, Väter des neuen Gottesvolkes, werden in die Schar der Jünger auch viele Frauen gewählt. Ich kann nur ganz kurz auf jene Frauen hinweisen, die auf dem Weg Jesu selbst anzutreffen sind, angefangen bei der Prophetin Anna (vgl. Lk 2,36–38) bis hin zur Samariterin (vgl. Joh 4,1–39), zu der Syro-Phönizierin (vgl. Mk 7,24–30), zu der Frau, die an Blutfluss litt (vgl. Mt 9,20–22), und zu der Sünderin, der vergeben wird (vgl. Lk 7,36–50). Ich gehe auch nicht näher auf die weiblichen Hauptfiguren einiger eindrucksvoller Gleichnisse ein, zum Beispiel auf die Frau, die Brot backt (vgl. Mt 13,33), auf die Frau, die die Drachme verliert (vgl. Lk 15,8–10), auf die Witwe, die den Richter immer wieder aufsuchte (vgl. Lk 18,1–8). Bedeutsamer für unser Thema sind jene Frauen, die im Rahmen der Sendung Jesu eine aktive Rolle gespielt haben. An erster Stelle denken wir dabei natürlich an die Jungfrau Maria, die durch ihren Glauben und durch ihr Muttersein in einzigartiger Weise an unserer Erlösung mitgewirkt hat, sodass Elisabet sie sogar »Gesegnete unter den Frauen« (Lk 1,42) nennen konnte und hinzufügte: »Selig ist die, die geglaubt hat« (Lk 1,45). Maria ist zur Jüngerin des Sohnes geworden; sie zeigte in Kana ihr vollkommenes Vertrauen in ihn (vgl. Joh 2,5) und folgte ihm bis unter das Kreuz, wo sie von ihm einen Auftrag erhielt, nämlich Mutter zu sein für alle seine Jünger aller Zeiten, dort verkörpert von Johannes (vgl. Joh 19,25–27).

Dann gibt es verschiedene Frauen, die in unmittelbarer Umgebung der Gestalt Jesu verschiedene verantwortungsvolle Funktionen wahrnahmen. Ein beredtes Beispiel dafür sind die Frauen, die Jesus folgten, um ihn mit ihrem Besitz zu unterstützen, und von denen uns Lukas einige Namen überliefert: Maria Magdalena, Johanna, Susanna und »viele andere« (vgl. Lk 8,2–3). Dann informieren uns die Evangelien darüber, dass die Frauen, im Unterschied zu den Zwölf, Jesus in der Stunde seines Leidens nicht verlassen haben (vgl. Mt 27,56.61; Mk 15,40). Unter ihnen sticht besonders Magdalena hervor, die nicht nur bei seinem Leiden und Sterben zugegen war, sondern dann auch die erste Zeugin und Verkünderin des Auferstandenen war (vgl. Joh 20,1.11–18). Gerade dieser Maria von Magdala behält der hl. Thomas von Aquin die einzigartige Bezeichnung »Apostolin der Apostel« (»apostola apostolorum«) vor und widmet ihr diesen schönen Kommentar: »So wie eine Frau dem ersten Menschen Worte des Todes verkündet hatte, so verkündete als Erste eine Frau den Aposteln Worte des Lebens« (*Super Ioannem*, ed. Cai, § 2519).

Auch im Bereich der Urkirche war die Präsenz der Frauen alles andere als zweitrangig. Wir halten uns nicht bei den nicht namentlich genannten vier Töchtern des »Diakons« Philippus auf, die in Cäsarea wohnten und die, wie der hl. Lukas sagt, alle »prophetisch begabt« waren, das heißt, die Fähigkeit besaßen, öffentlich unter der Einwirkung des Heiligen Geistes zu reden (vgl. Apg 21,9). Die Kürze der Angabe erlaubt keine genaueren Schlussfolgerungen.

Vielmehr verdanken wir dem hl. Paulus eine umfassendere Dokumentation über die Würde und die Rolle der Frau in der Kirche. Er geht von dem grundsätzlichen Prinzip aus, nach welchem es für die Getauften nicht nur »nicht mehr Juden und Griechen, nicht Sklaven und Freie« gibt, sondern auch »nicht Mann und Frau«. Der Grund dafür ist, dass »wir alle ›einer‹ sind in Christus Jesus« (Gal 3,28), das heißt, wir sind alle eins in derselben grundlegenden Würde, wenngleich jeder mit seinen spezifischen Aufgaben (vgl. 1 Kor 12,27–30). Der Apostel nimmt es als etwas Normales an, dass in der christlichen Gemeinde die Frau »prophetisch reden« kann (1 Kor 11.5), dass sie sich also offen unter dem Einfluss des Geistes ausdrücken kann, wenn dies zur Erbauung der Gemeinde dient und auf würdevolle Weise geschieht. Daher muss die folgende, wohlbekannte Ermahnung, wonach »die Frauen in der Versammlung schweigen sollen« (1 Kor 14,34), wohl relativiert werden. Das daraus folgende, vieldiskutierte Problem der Beziehung zwischen dem ersten Wort – die Frauen können in der Versammlung prophetisch reden – und dem anderen – sie sollen nicht reden –, das Problem der Beziehung zwischen diesen beiden anscheinend widersprüchlichen Aussagen, überlassen wir den Exegeten. Es soll nicht hier diskutiert werden. Am vergangenen Mittwoch sind wir schon der Gestalt der Priska oder Priszilla, der Frau des Aquila, begegnet, die an zwei Stellen überraschenderweise noch vor ihrem Mann erwähnt wird (vgl. Apg 18,18; Röm 16,3): beide, sie und er, werden jedenfalls von Paulus als seine »synergoús«, »Mitarbeiter«, bezeichnet (Röm 16,3).

Noch einige weitere Besonderheiten dürfen nicht vernachlässigt werden. Es ist zum Beispiel notwendig festzuhalten, dass der kurze Brief an Philemon von Paulus in Wirklichkeit auch an eine Frau namens Aphia adressiert wurde (vgl. Phlm 2). Lateinische und syrische Übersetzungen des griechischen Textes fügen diesem Namen Aphia den Beinamen »soror carissima«, liebste Schwester, hinzu (ebd.); und es muss gesagt werden, dass sie in der Gemeinde von Kolossä eine bedeutende Stellung eingenommen haben muss; auf jeden Fall ist sie die einzige Frau, die von Paulus unter den Adressaten eines seiner Briefe genannt wird. An anderer Stelle nennt der Apostel eine gewisse »Phöbe«, die er als »diákonos« der Kirche von Kenchreä, der kleinen Hafenstadt östlich von Korinth, bezeichnet (vgl. Röm 16,1–2). Obwohl dieser Titel in jener Zeit noch keinen spezifischen Wert eines hierarchischen Amtstitels hatte, bringt er zum Ausdruck, dass von dieser Frau eine wahrhaft verantwortungsvolle Aufgabe für jene christliche Gemeinde ausgeübt wurde. Paulus empfiehlt, sie herzlich aufzunehmen und ihr »in jeder Sache beizustehen, in der sie euch braucht«; dann fügt er hinzu: »sie selbst hat vielen, darunter auch mir, geholfen«. In demselben Briefkontext erwähnt der Apostel mit Zügen von Zärtlichkeit weitere Namen von Frauen: eine gewisse Maria, dann Tryphäna, Tryphosa und »die liebe« Persis und außerdem Julia, von denen er offen schreibt, dass sie »für euch« oder »für den Herrn viel Mühe auf sich genommen haben« (Röm 16,6.12a.12b.15); auf diese Weise hebt er ihr starkes kirchliches Engagement hervor. In der Kirche von Philippi müssen sich zwei Frauen namens Evodia und Syntyche ausgezeichnet haben (Phil 4,2): Der Aufruf, den Paulus zur gegenseitigen Eintracht macht, lässt erkennen, dass die beiden Frauen eine bedeutende Funktion in jener Gemeinde ausübten.

Um das Wesentliche festzuhalten: Die Geschichte des Christentums hätte eine ganz andere Entwicklung genommen, hätte es nicht den hochherzigen Beitrag vieler Frauen gegeben. Deshalb »sagt die Kirche«, wie mein verehrter und lieber Vorgänger Johannes Paul II. in dem Apostolischen Schreiben *Mulieris dignitatem* schrieb, »Dank für

alle Frauen und für jede einzelne ... Die Kirche
sagt Dank für alle Äußerungen des weiblichen
›Geistes‹, die sich im Laufe der Geschichte bei allen Völkern und Nationen gezeigt haben; sie sagt
Dank für alle Gnadengaben, mit denen der Heilige Geist die Frauen in der Geschichte des Gottesvolkes beschenkt, für alle Siege, die sie dem Glauben, der Hoffnung und der Liebe von Frauen
verdankt: Sie sagt Dank für alle Früchte fraulicher
Heiligkeit« (Nr. 31). Wie man sieht, gilt dieses Lob
den Frauen im Verlauf der Geschichte der Kirche
und wird im Namen der ganzen kirchlichen Gemeinschaft zum Ausdruck gebracht. Auch wir
schließen uns dieser Wertschätzung an und danken dem Herrn dafür, dass er seine Kirche durch
die Generationen hindurch leitet, wobei er sich
unterschiedslos solcher Männer und Frauen bedient, die ihren Glauben und ihre Taufe für das
Wohl des gesamten Leibes der Kirche fruchtbar
zu machen wissen, zur größeren Ehre Gottes.

(14. Februar 2007)